DE DEVEDOR A POUPADOR

Finanças Pessoais

Camila Carvalho

1 - DINHEIRO, TER OU NÃO TER

Se você está lendo este livro, é bem provável que já tenha sofrido decepções na sua vida financeira. Pode ser que você já tenha lido outros livros, feito alguns cursos, recebido conselhos de amigos e, mais de uma vez, pode ter ouvido falar de alguma "solução mágica" que supostamente lhe deixaria rico.

Então, para que você não perca tempo, vamos logo esclarecer que a proposta deste livro *não é lhe ensinar a ficar rico*. Não vamos lhe mostrar nenhuma fórmula secreta para fazer muito dinheiro, nem nada desse tipo. O que este livro pretende é lhe ajudar a *assumir o controle* sobre sua vida financeira. E sim, eu sei que isso pode soar muito genérico, mas pense o seguinte:

Sabe quando você quer comprar uma coisa, mas se sente mal por achar que pode estar gastando demais? Isso é péssimo, não é? Pois bem, assumir o controle sobre suas finanças significa, dentre outras coisas, poder gastar dinheiro sem precisar se estressar com cada compra que você fizer.

Basta querer ser rico?

Olhamos com esperança para a trajetória de um jovem que não tinha nada, mas que trabalhou muito e venceu na vida. Seria muito legal se isso acontecesse com a gente, não é? E por conta desse tipo de história, ouvimos com frequência que "basta querer" que a gente consegue enriquecer.

No entanto, não é bem assim. Sim, uma pessoa pode ficar rica, mesmo partindo da mais absoluta pobreza. É verdade que você pode criar um negócio revolucionário e ficar milionário, ou lançar uma música e tornar-se um cantor de sucesso. Quem sabe, até ganhar dinheiro jogando futebol. Todas essas são formas válidas de enriquecer. O problema é que, na prática, não é o que acontece com a maioria das pessoas.

E por quê? Por que elas não estão se esforçando o suficiente? Ou será que elas nem sequer têm tempo para pensar nisso, pois estão agora mesmo trabalhando com o que podem para pagar as dívidas que têm hoje?

Veja que, mesmo nos casos em que as pessoas saem da pobreza rumo à riqueza, nós não sabemos da história completa. Não sabemos o que exatamente ela teve que sacrificar, nem se ela teve ajuda para começar. Não temos nem como saber até que ponto a riqueza de uma pessoa é fruto exclusivamente do esforço dela. Logo, não caia no discurso motivacional de que para ser rico "basta querer". Esse tipo de discurso deprime mais do que motiva.

E então, o que fazer? Sentar e chorar esperando alguém lhe ajudar? Não, de forma alguma. Você vai ter que se esforçar sim, mas nada de mirar no tipo de riqueza que você está acostumado a ver. Se você vive afundado em dívidas, neste livro você entenderá que *antes de querer ser rico, você precisará parar de se endividar.*

Ou seja, não vai adiantar fazer cursos sobre investimentos, se você ainda não souber como passar o mês sem estourar o limite do seu cartão de crédito.

Por isso, vou repetir: este livro não vai lhe ensinar a ficar rico. Na verdade, ele vai lhe ensinar a deixar de ser um **Devedor** para se tornar um **Poupador**.

Repare que estamos falando em lhe transformar em um **Poupador** e não em um **Investidor**. Você pode até estar se perguntando por que não falaremos sobre investimentos neste livro. E a resposta é muito simples. Se você é um **Devedor**, vai levar algum tempo até que mude seus hábitos. Depois de ler o livro, você exercitará o que aprendeu, talvez volte aqui algumas vezes e só depois você terá certeza de que virou um **Poupador**. Não vai ser algo instantâneo. Por isso, se este livro tratasse de como fazer investimentos, temos certeza de que você, apressadinho, iria ler sobre isso antes de ter absorvido o básico, antes mesmo de ter se tornado um **Poupador**. Por isso, nada de se apressar, ok?

Dinheiro e Dieta

Gosto muito de comparar o ato de poupar com o ato de fazer dieta. Quem nunca tentou fazer dieta? É algo que quase sempre desistimos pouco depois de começar. Da mesma forma, você já deve ter tentado poupar dinheiro e acabou desistindo assim que encontrou algo que queria comprar. E por que isso acontece? Isso acontece porque não respeitamos nosso tempo. Tal como numa dieta, precisamos *mudar nossos hábitos de forma gradativa*.

Você não pode fazer, por exemplo, uma mudança permanente nos seus hábitos alimentares em apenas um mês. Sua saúde não vai melhorar se você passar um mês fazendo dieta. Não é assim que funciona. Você só ficará irritado e certamente ganhará mais peso depois. Se o seu objetivo é viver uma vida mais saudável, você precisará mudar muitas coisas na sua vida. Afinal, seus hábitos alimentares são influenciados pela sua vida social, pelo seu trabalho, pelo seu tempo disponível e até pelo seu estresse.

Com dinheiro acontece a mesma coisa. Você não pode simplesmente dizer *"A partir de amanhã não vou mais gastar dinheiro com bobagens"*, porque certamente irá gastar. E então ficará frustrado e gastará mais dinheiro ainda. Observe, por exemplo, a sequência abaixo e avalie se isso também acontece com você:

1º) Você sente vontade de comprar alguma coisa.

2º) Você fica ansioso porque não sabe se deveria ou não gastar esse dinheiro.

3º) Você pensa *"Ah, mas eu trabalho tanto, então mereço este agrado".*

4º) Você faz a compra.

5º) Você se arrepende.

Sendo assim, não pense que isso vai mudar magicamente de uma hora para a hora, já que você deve ter agido dessa forma durante toda a sua vida. Dê um passo de cada vez, sem se apressar em ter resultados rápidos e se perdoando quando errar (pois você ainda vai cometer alguns deslizes). Lembre-se de que *antes de aprender a correr, precisamos aprender a andar*.

O que veremos neste livro

Aqui, trataremos de finanças pessoais da maneira mais simples e direta possível, para quem realmente está engatinhando nesse tema. Vamos falar de assuntos que são essenciais para que você consiga ter uma boa saúde financeira, mas que nem sempre são abordados em livros e cursos, por serem tratados como se fossem de conhecimento comum, como se todo mundo já nascesse sabendo.

O que veremos nos próximos capítulos:

1. **Perfis financeiros:** Existem quatro perfis financeiros. Em qual deles será que você se encaixa no momento?
2. **Compra por impulso:** O que faz você gastar tanto dinheiro num instante e ficar arrependido no outro?
3. **Meios de pagamento:** Quais são as principais vantagens e desvantagens dos meios de pagamento utilizados no nosso dia a dia. E como eles podem estar contribuindo para o aumento das suas dívidas.
4. **Organizando seus gastos:** Você aprenderá a organizar seus gastos mensais, anuais e eventuais e aprenderá a priorizá-los de maneira eficiente.
5. **Assumindo o controle:** Você verá que é possível sim assumir o controle da sua vida financeira, sem maiores dramas e sem precisar realizar sacrifícios imensos.

Controlar suas finanças não é a tarefa mais fácil do mundo, mas também não precisa ser algo tão sofrido. É tudo uma questão de prática e exercício. Envolve o reconhecimento dos nossos **hábitos** e do que fazemos para mudar nossa *forma de pensar sobre o dinheiro*.

E quanto às planilhas em Excel e aplicativos para smartphone? Bem, entenda que essas coisas são apenas ferramentas, ok? Não é virando um gênio no Excel que você necessariamente vai aprender a controlar suas finanças. O importante é que você comece a prestar atenção em como você gasta seu dinheiro e trabalhe para que você esteja gastando nas coisas que realmente importam para você.

E então, pronto para começar?

Os quatro perfis financeiros

Como eu sei que você já deve estar curioso, vamos ver logo quais são esses tais perfis financeiros.

Devedor

O Devedor é aquela pessoa que sempre gasta mais do que ganha. Se ela recebe R$ 1.000,00 por mês gastará uns R$ 1.500,00 ou mais. E mesmo que essa pessoa acredite que o seu problema se resolveria ganhando mais dinheiro, ela não poderia estar mais enganada. O Devedor pode ganhar R$ 1.000,00, R$ 2.000,00 ou até R$ 10.000,00 por mês e mesmo assim o dinheiro nunca será suficiente porque ao ganhar mais dinheiro, ele automaticamente cria novas dívidas.

O Devedor é aquele que está constantemente pedindo dinheiro emprestado, pois não consegue chegar bem no fim do mês. Se, por acaso, ele receber uma promoção, ele imediatamente gastará todo o dinheiro que ainda nem sequer recebeu. Ele é um gastador crônico. O dinheiro desaparece como que por mágica da sua conta, e ele não sabe nem com que gasta tanto. Claro que ele se lembra de itens recorrentes como aluguel e energia elétrica, porém ele acumula muitos **pequenos gastos** que vão aos poucos estrangulando seu orçamento.

Ah, eu disse orçamento? Engano meu. Na verdade, dificilmente você verá um Devedor que faz **orçamento**. Talvez ele tenha tentado fazer algumas vezes, mas desistiu.

Outra característica interessante, é que ele não costuma olhar muito para o seu extrato bancário (que é onde ele pode ver todas as entradas e saídas de dinheiro da sua conta). Não, ele só está interessado no seu saldo atual. *Ele quer saber quanto ele tem agora para gastar*.

O Devedor vive preocupado com as dívidas acumuladas no passado e com as dívidas que provavelmente contrairá no futuro.

A vida de um Devedor é extremamente estressante, pois ele precisa contar muito com a sorte, já que nunca está preparado para imprevistos. Imagina se o salário dele atrasar? Nem pense nisso para não dar azar!

E por já estar tão endividado com as contas do mês anterior e com os juros crescentes por conta dos empréstimos que contraiu, suas dívidas só se acumulam e ele não vê saída. Na verdade, ele até vê uma saída. O Devedor gosta muito de falar que se ganhasse na loteria as coisas seriam bem diferentes. Mas infelizmente não seriam, a não ser que ele conseguisse mudar seus hábitos.

Isso não quer dizer que o Devedor seja uma má pessoa, ele apenas está preso em um círculo vicioso de dívidas. Se ele conseguisse sair de lá sozinho, com certeza já teria saído. Mas enquanto corre de uma imensa bola de neve, ele joga ainda mais neve para trás, o que só contribui para aumentar seu desespero.

E cuidado para não se confundir. *O Devedor faz dívidas de forma crônica*, ou seja, você poderia zerar tudo o que ele deve agora e amanhã ele já estaria fazendo dívidas de novo. Por outro lado, você pode até não ser uma pessoa com perfil Devedor, mas **estar endividado no momento**. São coisas diferentes. Então não vista essa carapuça ainda. Você vai entender melhor quando conhecer o próximo perfil, que é o Saldo zero.

Saldo zero

O Saldo zero não se endivida, mas também não gera renda excedente. Se ele ganha R$ 2.000,00 por mês, ele gasta praticamente todo o dinheiro, sobrando muito pouco ou quase nada para uma eventual emergência. Tal como o Devedor, se ele ganhar mais dinheiro, ele também gastará mais dinheiro na mesma proporção.

Seu problema começa quando ele precisa de dinheiro extra por algum motivo que ele não previu. Por exemplo, para tratar de um problema de saúde, ou para lidar com o aumento de algum gasto recorrente (aluguel, por exemplo). Então, ele precisará fazer empréstimos e passará a ser um endividado. Com algum esforço, ele até conseguirá pagar suas dívidas, mas pode acabar se estressando bastante.

Ser um Saldo zero é melhor do que ser um Devedor. No entanto, ele também vive à mercê do acaso. *Qualquer evento pode quebrar seu equilíbrio financeiro.* Infelizmente, esse não é o tipo de perfil que consegue acumular patrimônio, mas apenas sobreviver mês a mês.

Poupador

O Poupador gasta menos do que ganha e ainda guarda o excedente para lidar com alguma emergência ou para realizar algum objetivo de vida. Ele consegue viver com certa folga, pois não fica nervoso pensando no que vai fazer se seu salário atrasar ou mesmo se vai perder seu emprego amanhã.

Ele tem uma reserva financeira que poderia sustentar seu padrão de vida atual por cerca de seis meses a um ano, às vezes mais. Ele foi juntando essa reserva ao longo do tempo utilizando a diferença entre o que ele ganha menos o que ele gasta. Se ele, por exemplo, ganha R$ 1.000,00, ele gasta R$ 900,00 e guarda os R$ 100,00 na sua reserva para emergências. Se por acaso estiver planejando fazer uma viagem, ele cria outra reserva além da que já possui para emergências. Ou seja, *cada objetivo tem uma reserva diferente.*

O Poupador vive bem no curto e médio prazo, mas como ele não chega a investir seu dinheiro, conta apenas com o excedente do seu trabalho, sem fazer com que o dinheiro trabalhe para ele. É provável que ele ainda não se sinta muito confortável com o nível de reserva que tem. Sendo assim, prefere deixar seu dinheiro em alternativas mais confortáveis e menos rentáveis, como a **poupança**.

Investidor

O Investidor tem uma reserva para emergências tal como

o Poupador, que ele mantém em uma aplicação fácil de retirar caso precise (como a poupança, por exemplo). No entanto, ele também tem um excedente que aplica onde acredita que vai obter o melhor retorno financeiro. É o típico perfil que tem um bom conhecimento sobre bolsa de valores, mercado imobiliário e os mais diversos tipos de investimentos que você possa imaginar. Ele já está em um nível em que consegue fazer os juros trabalharem para ele e assim, aumentar seu patrimônio sem depender exclusivamente do fruto do seu trabalho.

Ser um Investidor de sucesso é o sonho de quem se identifica com qualquer um dos demais perfis financeiros. Afinal, quem não quer ser um Investidor, não é?

Mas se você prestou atenção até agora, já sabe que não vamos sair magicamente de um perfil Devedor para um perfil Investidor. Isso porque precisamos mirar primeiro no perfil Poupador. O caminho para sair de um perfil Devedor para chegar a um perfil Poupador é longo e exige disciplina. Mas, uma vez que você vire um Poupador, o caminho para se tornar um Investidor será muito mais tranquilo. Porém, você precisará subir essa escadinha degrau por degrau.

De Devedor a Poupador

Mas será que não dá para aprender a ser um Investidor apenas lendo um livro, fazendo um curso ou assistindo a algumas dicas de investimento no Youtube? Até que dá, mas para isso, você precisaria já ter pelo menos a mentalidade de um Poupador.

E se você está lendo este livro é porque provavelmente você se identifica mais com um perfil Devedor ou Saldo zero, não é mesmo? Sendo assim, saiba desde já que você não sairá milagrosamente das suas dívidas e passará a ser um Investidor. Você já deve até ter ouvido muitas promessas desse tipo, mas não é assim que as coisas funcionam.

Não é hora de fazer investimentos

Uma pessoa endividada precisa, em primeiro lugar, parar de fazer dívidas. Só isso. Nada de querer investir em negócios "inovadores" para "triplicar seu patrimônio". Esqueça tudo isso. Se alguém chegar perto de você com alguma promessa de dinheiro fácil, saia correndo. Não faz sentido algum uma pessoa endividada sequer pensar em investir para compensar seu prejuízo atual. Mas infelizmente, há pessoas que utilizam até o limite do cheque especial para comprar ações na bolsa de valores...

E por que isso não faz sentido? Ora, você pediria para um estudante de medicina, que acabou de passar no vestibular, fazer uma cirurgia em você? Ele poderia estar muito bem intencionado, porém não teria as competências e habilidades necessárias para executar essa tarefa. Sendo assim, *por que pessoas que ainda não conseguem organizar e seguir um orçamento doméstico seriam capazes de realizar bons investimentos?*

Por outro lado, se você já possui um perfil Poupador, o que lhe falta é um pouco de coragem e conhecimento técnico. Se esse for o seu caso, você já pode fazer um curso voltado só para investimentos ou estudar por conta própria. Um Poupador tem condições de pegar uma pequena parte do seu patrimônio e ir testando, praticando, vendo como o mercado se comporta e aprendendo na prática. O Poupador já aprendeu a parte mais difícil, que é justamente aprender a poupar. A partir daí, ele pode facilmente se tornar um Investidor.

É hora de virar um Poupador

Diferentemente dos Poupadores, pessoas com perfil Devedor ou Saldo zero, precisam mudar muita coisa em suas cabeças antes de pensar em investimentos. Imagine que você está dividindo seu objetivo em dois objetivos menores. Você pretende se tornar um Investidor um dia, não é? Esse será seu objetivo número **dois**.

Já o seu objetivo número **um** será virar um Poupador, e é aqui que você vai começar sua jornada. Você precisará passar pelos estágios anteriores para chegar ao tão sonhado perfil Investidor. Se, por exemplo, você é um Devedor, primeiro se tornará um Saldo zero para, em seguida, se tornar um Poupador. Tal como em uma escadinha, lembra?

Nos próximos capítulos, veremos os fatores que contribuem para que **gastemos mais** do que deveríamos. Veremos as nuances da **compra por impulso**, dos **meios de pagamento** e de como esses últimos podem nos afetar de uma maneira que nem percebemos. Em seguida, veremos uma forma de **organizar nossos gastos** de maneira otimizada. Por fim, vamos por a mão na massa e **assumir o controle** das nossas finanças utilizando um modelo de controle financeiro.

Neste momento, pode até parecer muito chato ter que se

organizar e lidar com números, especialmente se matemática nunca foi o seu forte. Mas acredite, é muito mais simples do que parece. E uma vez que você tiver o controle sobre quanto dinheiro entra e sai da sua conta e com o que você gasta, você se sentirá muito mais livre para fazer o que gosta (e sem ficar se preocupando se vai poder pagar por aquilo depois).

A seguir, vamos abordar os aspectos da **compra por impulso**, mas primeiro, faremos um pequeno exercício para saber se você entendeu bem como diferenciar os quatro perfis financeiros e verificar com qual deles você se identifica no momento.

Questionário – Perfis financeiros

Pergunta 1:

Lúcio está sempre reclamando que nunca tem dinheiro para nada. O salário dele sempre acaba antes do fim do mês e ele vive pedindo dinheiro emprestado aos amigos e familiares. Em que perfil financeiro ele se enquadra?

a) Devedor

b) Saldo zero

c) Poupador

d) Investidor

Resposta: Antes de encerrar o mês, Lúcio já não tem mais dinheiro, ou seja, ele sempre precisa de ajuda externa para sobreviver (empréstimos). Logo, ele se enquadra no perfil Devedor (letra A).

Pergunta 2:

Mariana tem uma reserva financeira para emergências. Ela mantém esse dinheiro na poupança, pois não tem conhecimento sobre como funciona o mercado de ações e não se sente segura para fazer aplicações em produtos de maior risco. Em que perfil financeiro ela se enquadra?

a) Devedor

b) Saldo zero

c) Poupador

d) Investidor

Resposta: Mariana tem perfil Poupador, pois ela possui uma reserva financeira. Ou seja, ela gasta menos do que ganha. No entanto, ela não tem perfil Investidor, pois aplica seu dinheiro em um produto como a poupança, que oferece mais segurança, porém menor rendimento (letra C).

Pergunta 3:

Apesar de nunca terminar o mês endividada, Clara não consegue fazer uma reserva para emergências. É como se sempre houvesse algo muito importante que ela precisasse comprar. Em que perfil financeiro ela se enquadra?

a) Devedor

b) Saldo zero

c) Poupador

d) Investidor

<u>Resposta</u>: Clara não faz dívidas, mas também não consegue compor uma reserva financeira. Tudo o que ela ganha, gasta no mesmo mês. Típico de um perfil Saldo zero (letra B).

Tarefa: Qual o seu perfil financeiro?

Agora é a sua vez. Com qual perfil você se identifica? **Devedor**, **Saldo zero**, **Poupador** ou **Investidor**? Experimente também classificar seus parentes e amigos. Será que você tem muitos amigos com perfil Devedor? Quem sabe até conheça alguém com perfil Poupador ou Investidor?

2 - COMPRA POR IMPULSO

Um dos maiores vilões do nosso dinheiro é a compra por impulso. Ela normalmente vem disfarçada de uma necessidade urgente, de algo que aparentemente você precisa ter naquele exato momento. Quando sentimos esse impulso de querer comprar algo, não costumamos pensar no longo prazo, mas em uma forma de satisfazer esse desejo o mais rápido possível. E para justificar uma compra por impulso, fazemos o que os psicólogos chamam de **racionalização**.

A racionalização é um mecanismo de defesa que se apoia em um raciocínio lógico para explicar os sentimentos que não controlamos. É quando tentamos camuflar a realidade, deixá-la mais bonita, para não parecer que o que estamos fazendo é algo ruim. É uma forma que o nosso cérebro encontra de preservar nossa autoestima. É quando, por exemplo, você compra um carro novo, mesmo sentindo que não era a hora de trocar de carro. Então, você diz a si mesmo e às outras pessoas, que você comprou um carro novo porque o seu estava muito velho e já não era mais tão confiável (mesmo que no fundo, você saiba que isso não é verdade).

Logo, quando falamos de compra por impulso, tenha certeza de que ela vem de mão dada com a racionalização. Afinal, sempre encontramos uma desculpa para justificar nosso comportamento gastador.

Vamos ver agora os três tipos de compras por impulso:

1) Quando você **compra coisas que não precisa.**

2) Quando você **compra coisas que até precisa, mas não nesse momento.**

3) Quando você **compra coisas para "não passar vergonha".**

Comprando coisas que não precisa

"Deixe de ser fútil, por que você está comprando isso? Você não precisa disso."

Dizer que você está comprando coisas que não precisa, pode até parecer até meio rude, afinal é você quem deve entender das suas próprias necessidades, não é? Mas será que entende mesmo? Será que no instante em que você conclui a compra, já não bate uma pontinha de arrependimento?

Vamos imaginar que, no caminho para o trabalho, você passou na frente da vitrine de uma loja e viu um sapato. E então pensou: *"Que sapato bonito... Poxa, meu sapato já está meio velhinho e eu acho que as pessoas já estão começando a reparar lá no trabalho".*

Se você pensou isso, está claramente racionalizando a situação, ou seja, encontrando desculpas para fazer uma compra. E como sabemos que isso é um compra puramente por impulso? Porque você saiu de casa sem qualquer intenção e sem qualquer plano de comprar um sapato. E então apareceu um sapato novo na sua frente e você subitamente se "lembrou" de que tinha essa necessidade? Será que foi necessidade mesmo ou algo criado apenas para justificar sua compra?

Então, o que seria **precisar**? Precisar mesmo. Seria se, em nossa história, você estivesse andando na rua e seu sapato se rasgasse de uma maneira irrecuperável e você não tivesse nenhum outro de reserva com você. Nesse caso, como seria desastroso ir trabalhar nessas condições, então você precisaria mesmo entrar correndo numa loja para comprar um sapato novo. Isso é necessidade.

Por outro lado, comprar um sapato novo só porque viu um na vitrine, achou bonitinho, e acha que tem um dinheirinho sobrando, **não é** necessidade. Sair para almoçar e decidir que vai gastar no máximo R$ 20,00 e ao final do almoço pedir uma sobremesa que você não estava pensando em pedir e acabar pagando R$ 30,00 pela refeição é comprar por impulso. É a sua barriga controlando a sua carteira.

Qualquer compra que foi feita sem planejamento, sem uma avaliação prévia, é uma compra por impulso sem qualquer necessidade real. É importante que você reconheça quando isso acontecer com você, pois esse é um dos hábitos que você deve combater.

"Eu não precisava disso. Eu não tinha uma necessidade real. Foi apenas um desejo que eu atendi."

Não ceda a desejos momentâneos. Porque desejos a gente tem a toda hora. A gente quer comer pizza todo dia, a gente quer comprar uma roupa nova, ou um celular. *Nós querermos muitas coisas o tempo todo*. Mas a gente não tem todo o dinheiro do mundo para gastar. Então, quando você sentir essa coceira para gastar dinheiro, eu tenho duas dicas para você.

1) Pense no objetivo da compra. O que eu quero dizer com isso? Pense onde você vai usar aquele item que você está comprando. Vejamos o exemplo do sapato. Se você já tem um sapato para trabalhar e um reserva em casa, você precisaria de um terceiro sapato para quê? Seria uma compra sem finalidade. É o contrário de, por exemplo, você ficar doente e precisar tomar um antibiótico. Você precisa tomar aquele medicamento específico para curar sua doença, entende? Mas, se você está dentro da farmácia indo para o caixa pagar pelo medicamento e você vê um chocolate e decide comprá-lo também, então você comprou o chocolate por impulso, sem qualquer necessidade. Foi só porque ele estava ali e chamou sua atenção. Naquele momento você teve um **desejo** de consumir aquele produto.

Por isso, veja que é muito importante analisar o motivo de você estar fazendo aquela compra, visto que a compra por impulso sempre vai parecer ser bem **inocente**. Então, você vai comprando uma coisinha aqui outra ali, mas se soubesse o quanto você gasta ao longo do ano com essas "coisinhas inocentes", você cairia para trás.

Pois é como diz o ditado "de grão em grão, a galinha enche o papo". Então fica a dica: *verifique se a compra tem um objetivo, uma finalidade real.*

2) Pense em quanto a compra vai lhe custar em "horas de trabalho". Se você trabalha 8 horas por dia, de segunda à sexta, você trabalha um total de 160 horas por mês. Se você recebe R$ 1.600,00 de salário, isso quer dizer que você ganha R$ 10,00 por hora trabalhada (R$ 1.600,00 dividido pelas 160 horas mensais = R$ 10,00/hora).

Se você comprar um tênis de R$ 400,00 terá que trabalhar 40 horas da sua vida para pagar por ele, ou seja, uma semana inteira de trabalho. Você vai acordar e dormir cinco vezes, pegar o transporte para ir ao trabalho, ficar cansado, e tudo isso para pagar por um tênis.

Fora o fato de que você terá que lidar com a falta que esse dinheiro fará depois no seu orçamento. Logo, um desejo que você levaria 10 segundos para conseguir controlar, pode fazer você arcar com um compromisso que você não estava a fim de assumir e que talvez não acrescente muito à sua vida.

No entanto, perceba que você pode sim comprar um sapato de R$ 400,00. O problema aqui não é exatamente o valor, mas a falta de planejamento. Quando você compra algo sem pensar, perde recursos que poderiam ser utilizados para adquirir outras coisas que talvez fossem mais importantes e urgentes para você naquele momento.

Comprando coisas que você até precisa, mas não nesse momento

É muito bom poder se antecipar e conseguir melhores preços quando você sabe que aquele item que você quer vai estar mais caro numa certa época do ano. Se você já sabe o que quer e consegue comprar algo com certa antecedência, isso é bom, pois é uma compra planejada normal.

No entanto, muitas vezes compramos coisas que até precisamos, mas que poderiam esperar. Por exemplo, todo mundo conhece alguém que é louco por livros. Alguém que não pode ver uma promoção que compra mesmo que já tenha uns dez livros na estante que ainda nem leu. Bem, essa pessoa pode até fazer essas compras com a justificativa de que a leitura é um hábito saudável, pois promove crescimento pessoal. E isso é verdade. Mas imagine gastar hoje, R$100,00 em livros que você só vai conseguir ler daqui a três anos. Aposto que esse tipo de situação acontece com você com mais frequência do que você imagina.

Outro exemplo prático: Você acabou de iniciar um curso de graduação e deve levar cerca de quatro anos para concluí-lo. De repente, você vê um vestido maravilhoso numa loja e decide comprá-lo para usar na sua formatura. Isso é gastar dinheiro com **muita antecipação**. Eventualmente você pode até precisar desse vestido, mas ainda vai demorar muito tempo para que isso aconteça. Pode ser que você engorde, emagreça, mude de curso, ou decida até que não vai mais participar da festa de formatura. O problema é que caso você precise mudar seus planos, vai se sentir muito resistente a prosseguir com a mudança, pois terá que pensar no que vai fazer com esse vestido que você comprou. Ou seja, você estará limitando suas opções com base em um impulso que você teve lá atrás.

Já imaginou se um supermercado decidisse comprar em um único dia a quantidade de frutas que ele venderia em um ano? Naturalmente que esse estoque iria apodrecer antes mesmo que ele conseguisse vender uma fração dessa mercadoria. E ele deixaria de aplicar esse dinheiro na compra de outros produtos que fossem mais necessários para ele naquele momento.

Sendo assim, quando você pensar em comprar algo que lhe será útil apenas no futuro, pense se esse horizonte de tempo é relativamente próximo (se você vai utilizar esse item na **próxima semana** ou no **próximo mês**). Tenha cuidado, pois seu cérebro vai querer que você se comporte de forma precipitada, então lembre-se de avaliar o que você estará deixando de fazer para realizar essa compra por antecipação. Não se apresse para fazer uma compra. Tome decisões com tranquilidade e seu bolso lhe agradecerá depois.

Comprando coisas para não "passar vergonha"

Já sabemos que é difícil resistir à tentação de comprar algo que você não precisa naquele momento. No entanto, evitar comprar algo por medo de passar vergonha pode ser ainda mais desafiador.

É comum nos sentirmos obrigados a gastar por pura pressão social. Por exemplo, quando seus amigos lhe chamam para ir a um rodízio, mesmo quando você não está muito a fim de gastar dinheiro. E na hora de se decidir se vai ou não, você perceberá que:

1º) Sua barriga estará louca para comer fora;

2º) Você se sentirá mal caso se recuse a sair com seus amigos.

Observe que é muito tentador ceder ao impulso de comer fora. E, da mesma forma, é difícil deixar de fazer algo com os amigos, pois temos medo de sermos julgados por eles. Afinal, não queremos que as pessoas pensem que não temos dinheiro para jantar fora. Dinheiro é sinônimo de status e uma forma de manter as aparências. Só que quando as pessoas compram coisas para se sentirem incluídas e para manterem uma posição social, elas acabam contraindo dívidas desnecessárias. Isso não é saudável nem para sua mente, nem para o seu bolso. Eu sei que nessas horas, o medo do constrangimento fala mais alto, mas você ganha em longo prazo sendo verdadeiro. *Você não precisa se desculpar dizendo que não tem dinheiro* para comer uma pizza, mas você pode simplesmente dizer que está evitando gastar dinheiro comendo fora. Observe que pode até ser que você esteja numa situação financeira confortável, mas mesmo assim não queira gastar com nada supérfluo, só que fica com medo de ser chamado de pão-duro.

Tudo bem, mas e se você fizer isso e no dia seguinte o pessoal quiser sair de novo para jantar, como você vai fazer para se livrar dessa situação mais uma vez? Entenda que ou os seus amigos podem ter um poder aquisitivo maior que o seu, ou pode ser que eles sintam o mesmo desconforto que você, mas nenhum deles consegue falar a respeito.

É que nem quando dançamos em público e ficamos preocupados se tem alguém observando se dançamos mal. Quando, na verdade, está todo mundo muito mais preocupado em tentar dançar bem para não se sentir envergonhado também. Logo, quem sabe você não consegue ser o libertador do grupo? A pessoa que diz de maneira bem sincera e humorada *"Pessoal, vocês estão aí nadando em dinheiro, mas eu não"*.

Perceba que esse tipo de compra por impulso para "não passar vergonha", não se restringe apenas a saídas para comer em restaurantes. Nós também estamos sendo influenciados a gastar além do necessário quando compramos:

1) Um **celular novo** só porque está mundo comprando também.

2) Um **presente muito caro** para impressionar alguém.

3) Uma **roupa** que só será usada uma vez.

Se você parar para pensar, vai ver que isso acontece com muito mais frequência do que você imagina. O importante é que você não se deixe influenciar, não faça compras se você não tiver se planejado para isso. É muito pior ter que lidar com as consequências de decisões mal calculadas e tomadas no calor do momento. Seja honesto e mantenha uma posição firme. Aos poucos, você verá que muitos dos seus amigos vão começar a agir como você.

Resumo

Nessa seção, falamos de três tipos de compras por impulso:

1) Quando você **compra coisas que não precisa.**

Que é quando nós deparamos com aquele desejo louco de gastar dinheiro, enquanto procuramos por justificativas para diminuir o peso na nossa consciência.

É comum, inclusive, ficarmos tentados a comprar algo para aliviar algum estresse ou alguma crise de ansiedade. Portanto, fique alerta e lembre-se de que é importante pensar no objetivo daquela compra e calcular quanto ela vai nos custar em **horas de trabalho.**

2) Vimos também que a gente **compra coisas que até precisa, mas não naquele momento.**

Aqui é quando você se justifica dizendo que ia ter que

comprar aquilo mesmo uma hora ou outra, então por que não comprar agora? O problema é que você poderia utilizar esse dinheiro para adquirir algum item que você realmente estivesse precisando num futuro mais próximo.

3) E, por fim, vimos também que compramos **coisas para "não passar vergonha".**

Que é quando gastamos dinheiro por pura pressão social. Por exemplo, quando você se sente pressionado a comprar a camisa oficial do seu time porque seus amigos combinaram de ir assistir a um jogo juntos e disseram que vão estar todos de uniforme.

Ou quando você tem uma festa para ir e suas amigas combinam de ir a um salão para fazer penteado e maquiagem, enquanto sua ideia inicial era fazer tudo isso em casa para economizar, mas acaba indo junto para não ser a "diferente".

Perceba que tentar se controlar para não fazer compras por impulso é tão difícil quanto evitar comer guloseimas quando você está fazendo dieta. Pelo menos agora, talvez seja mais fácil para você pelo menos identificar quando fizer alguma compra desse tipo. E entenda que nós não mudamos de comportamento da noite para o dia e que é normal cometer alguns deslizes enquanto adquirimos novos hábitos. Apenas tenha consciência e se observe.

Procure encontrar a verdadeira causa que motiva essas compras e tente arrumar uma solução alternativa. Afinal, nem todo problema precisa ser resolvido com dinheiro. Tenha confiança em si mesmo e não se incomode com o que você acha que as pessoas estão pensando. Tentar impressionar alguém é muito mais custoso do que lidar com um suposto julgamento das pessoas ao seu redor. Julgamento esse que pode ser até que só exista na sua cabeça.

Tarefa: Compra por impulso

Você tem alguma história para compartilhar sobre esse tema?

O objetivo desta tarefa é fazê-lo identificar situações em que as pessoas fizeram compras por impulso, de acordo com as três categorias estudadas nessa seção.

Você pode responder as perguntas utilizando:

1. Exemplos de algo que aconteceu com você;
2. Alguma experiência de algum conhecido seu;
3. Criar uma história que se enquadre na situação proposta.

Vamos lá?

1) Narre uma situação na qual você ou alguém comprou algo que não precisava.

Exemplo: Comprar um produto na Black Friday, só porque ele estava com um desconto promocional e você não queria perder a "oportunidade".

2) Narre uma situação na qual você ou alguém comprou algo que até precisava, mas não naquele momento.

Exemplo: Comprar um livro que você não terá tempo de ler nem tão cedo.

3) Narre uma situação na qual você ou alguém comprou algo só

para "não passar vergonha".

Exemplo: Um grupo de amigos estava fazendo uma "vaquinha" para um chá de casa nova de um dos integrantes do grupo. Você iria contribuir com R$ 50,00, mas viu que todos estavam dando R$ 200,00 e resolveu contribuir com R$ 200,00 também.

3 - MEIOS DE PAGAMENTO

Você já parou para pensar em como as diferentes *formas de pagamento influenciam o seu nível de endividamento*?

E que formas de pagamento são essas? Quando você vai pagar por uma compra, você tem uma série de opções. Temos, por exemplo, o **pagamento à vista**, que pode ser por meio de:

1. Dinheiro;
2. Débito em conta;
3. Transferência eletrônica; ou
4. Boleto bancário.

Na verdade, é quando o pagamento é feito de forma integral e imediata. Ou seja, você quita a dívida no **ato da compra**. Não fica devendo nada para pagar depois.

Temos também o **pagamento a prazo**, cuja forma mais popular é o **cartão crédito.** O pagamento a prazo também pode ser feito por meio de boletos bancários com datas de vencimento diferentes, ou por meio de cheques pré-datados. O importante é que você perceba que nessa modalidade o dinheiro vai saindo em prestações. Logo, você não paga tudo de uma vez no ato da compra. Você paga aos poucos até que eventualmente quita sua dívida.

Você também pode fazer suas compras por meio de **vales**, tais como: vale alimentação, vale refeição, vale transporte. Esse é um meio de pagamento no qual você conta com um valor previamente depositado em um cartão, por exemplo, e suas compras vão sendo abatidas do saldo restante.

E por fim, você pode simplesmente pagar com um **dinheiro que não é seu**, ou seja, é quando você recorre a algum tipo de **empréstimo**, seja ele um empréstimo bancário, ou o famoso cheque especial. Ou ainda, quando você pede dinheiro emprestado a algum amigo ou parente. De toda forma, o dinheiro aqui "surgiu do nada", ou seja, esse recurso financeiro não faz parte da sua renda normal. Você precisava de dinheiro e então apareceu um "anjo" que lhe socorreu. Às vezes esse anjo não lhe cobra nada pelo empréstimo e às vezes, pode cobrar até a sua alma em juros.

Então, repetindo, temos quatro formas básicas de pagar por alguma coisa: **à vista**, **a prazo**, com **vales** ou com **dinheiro que não é seu**. Você pode até achar estranho que o último item não tenha sido nomeado de "empréstimo". Isso se deve ao fato de que nem sempre isso se tratará de um empréstimo, mas vamos entender melhor nos próximos capítulos.

E caso você esteja pensando que faltou algum meio de pagamento, lembre-se de que o foco aqui é quanto ao *momento em que o dinheiro sai e de onde ele vem*. Ou seja, em vez de vales e tickets, você poderia usar o Paypal. Em vez de dinheiro em conta corrente, você poderia usar bitcoins, mas o princípio seria basicamente o mesmo.

Vamos ver cada um desses quatro meios de pagamento a seguir.

Pagamento à vista

Quando fazemos uma compra à vista, pagamos integralmente pelo produto ou serviço no ato da compra. Por exemplo, imagine que você deseja comprar uma peça de roupa que custa R$ 100,00 e, por coincidência, esse é exatamente o dinheiro que você tem na carteira. Após pagar pela roupa, ela será sua e você não deverá mais nada a quem lhe vendeu.

Entenda que aconteceram duas coisas aqui:

- Você pagou de maneira integral, ou seja, pagou pelo valor total do produto.
- Você pagou imediatamente, no instante da compra.

Vantagens do Pagamento à vista

1) É um meio de pagamento que **desestimula a formação de dívidas**, visto que ou você tem o dinheiro para pagar ou não tem. Se não tiver, não leva o produto, portanto, não faz uma dívida para pagar depois.

2) É fácil de **manter um registro** do que você gasta, pois você não precisa ficar se lembrando de pagar por alguma parcela que ainda vai vencer no futuro.

3) Você pode obter um **desconto** no ato da compra. Em geral, os lojistas preferem dinheiro na mão em vez de receber no cartão. E é por isso que um item à vista pode ter um preço mais em conta do que a prazo.

4) Você pode se forçar a **economizar para comprar** alguma coisa, em vez de se endividar para pagar depois. Imagine que você quer comprar um smartphone, mas fez uma promessa de Ano Novo de que só iria fazer compras à vista naquele ano.

Então, você descobre que o aparelho que você quer, custa R$ 600,00. Você não dispõe desse dinheiro agora, mas se organiza para guardar R$ 100,00 por mês. Depois de seis meses, você consegue comprar o smartphone e sai da loja feliz e satisfeito e sem precisar se endividar.

5) Por fim, a compra à vista lhe faz **priorizar o que é realmente necessário**, já que quando você for comprar alguma coisa, precisará desembolsar o valor na hora. Então, você, inevitavelmente, se verá dando mais valor ao seu rico dinheirinho. E quem sabe até perceba que aquele smartphone que você queria nem era uma necessidade tão urgente assim.

Desvantagens do Pagamento à vista

1) **Quem não tem dinheiro, paga mais juros quando pede emprestado**. Vamos supor que você deseja comprar um carro no valor de R$ 50.000,00 e não tem um tostão furado na carteira. Ainda assim, dependendo do relacionamento com o seu banco, eles farão uma análise do seu perfil e pode ser que você até obtenha um empréstimo nesse valor. No entanto, mesmo que você conte com uma boa renda mensal, é provável que o banco ainda lhe cobre uma alta taxa de juros

pelo empréstimo.

Agora, suponha que você quer comprar esse mesmo carro de R$ 50.000,00, mas você já tem esses R$ 50.000,00 no banco. Uma opção seria comprar o carro à vista. E se você juntou dinheiro especificamente para fazer essa compra, então vá em frente.

Mas existe outra possibilidade. Imagine que você só tem esses R$ 50.000,00 no banco e nada mais. Será que realmente vai valer a pena concentrar todo esse dinheiro em uma única compra e ficar sem nenhuma reserva pra emergências? E se algum imprevisto acontecer e você perder sua única fonte de renda (seu emprego, por exemplo)?

Sendo assim, considere que ter dinheiro sobrando é sempre bom para enfrentar situações desesperadoras e inesperadas. Isso não quer dizer que você não deva comprar o carro. Mas digamos que em vez de usar todo o dinheiro para comprá-lo à vista, que tal utilizar 25 mil como entrada e financiar os 25 mil restantes?

Sabe o que muda nesse cenário? É que mesmo que você tenha gastado metade do dinheiro logo de cara na compra do veículo, você ainda terá a outra metade desse valor no banco. E quando o banco for analisar o seu perfil financeiro, ele pode lhe considerar um cliente muito mais confiável para emprestar do que aquele que não tem um real disponível na conta bancária.

Dessa forma, na hora de lhe emprestar o dinheiro, o banco pode lhe oferecer uma taxa de juros muito mais em conta, pois ele pode propor algo como *"Olha, eu posso emprestar 25 mil, se você utilizar esses 25 mil que você já tem como garantia".* Isso quer dizer que os 25 mil ainda serão seus, mas o banco fará um acordo no qual você se compromete a não tirar esse dinheiro de lá, até quitar o empréstimo.

E se você eventualmente precisar tirar o dinheiro antes, também não tem problema. Você poderia renegociar o empréstimo com o banco e ele poderia propor um aumento na taxa de juros atual. Tudo isso, na verdade, depende muito do seu relacionamento com a instituição bancária.

Acredito que agora uma terceira possibilidade surgiu na sua cabeça.

"E se eu fizer um empréstimo de 50 mil e usar os 50 mil que eu já tenho como garantia?" Nesse caso, você conseguirá uma taxa de juros ainda menor do que a da situação anterior.

Imagino que agora você consegue entender melhor porque **quem não tem dinheiro, paga mais juros quando pede emprestado**. Afinal, se você não tem nenhum dinheiro disponível, vai ser bem mais difícil obter empréstimos com taxas mais favoráveis.

Basta você perceber também que quando você tem algum dinheiro sobrando, volta e meia seu banco lhe envia uma carta dizendo que ele tem um "empréstimo pré-aprovado especialmente para você". Por outro lado, se você estiver no vermelho, ninguém se oferece para lhe emprestar nada porque sabe que pode ser muito difícil você conseguir pagar pelo empréstimo depois. E mesmo quando você está no vermelho e consegue algum empréstimo, acaba pagando taxas de juros altíssimas justamente por não ter nada para oferecer como garantia.

2) Outra desvantagem da compra à vista é **gastar uma possibilidade de investimento.**

O que significa isso? Vamos usar a imaginação novamente para pensar numa situação interessante. Em determinado mês, você recebeu um adiantamento do seu salário no valor de R$ 300,00. Então, você se lembra de que tem uma conta que você paga todo mês exatamente nesse valor e conclui que já que você já está com esses R$ 300,00 a mais, então é melhor pagar antecipadamente a conta que irá vencer no mês que vem.

E qual o problema em fazer isso? O problema é que se essa conta só iria vencer no mês que vem, por que você não deixou para pagá-la na data correta?

"Mas eu tenho o dinheiro agora, não é melhor pagar logo?"

Sim, dependendo de como é a sua relação com o dinheiro. Se você é uma pessoa com perfil **Devedor**, ou seja, se você não consegue ficar com dinheiro na mão sem gastá-lo, então é melhor que você gaste logo com uma conta recorrente que você já sabia que ia ter que gastar mesmo.

Mas, se você não tem esse tipo de problema, sabe o que poderia ter feito? Colocado o dinheiro na **poupança**. No mês seguinte, você pagaria a conta normalmente e os R$ 300,00 que ficaram lá na poupança durante esse mês teriam lhe proporcionado um pequeno rendimento.

"Mas um valor tão pequeno assim, será que vale a pena aplicar na poupança?"

É você quem sabe. Provavelmente seu dinheiro teria rendido mais ou menos um real, mas até onde eu sei um real ainda é dinheiro.

Só tenha cuidado, pois a poupança só rende no aniversário da aplicação. Isso quer dizer que você tem que deixar o valor pelo menos um mês lá. Se você tirar um dia antes do aniversário, você perde o rendimento e fica só com o valor que aplicou.

A mesma coisa acontece se você deixar o dinheiro por dois meses e resolver tirar depois de passado apenas 1 mês e 29 dias. Você ficará apenas com o rendimento do primeiro mês, mas o do segundo não.

Então perceba que comprar à vista é legal, contanto que você não fique sem dinheiro, precisando pegar emprestado, a juros altos. E também tome cuidado para não perder uma possibilidade de investimento, por menor que ela seja.

A seguir, vamos falar sobre os pagamentos a prazo.

Pagamento a prazo

Quando você faz um pagamento a prazo, você não precisa ter o dinheiro em conta corrente no momento da compra. Você pode utilizar seu cartão de crédito para parcelar o valor. No pagamento a prazo, contraímos uma dívida para pagar depois.

É um meio de pagamento muito popular e perigoso, pois facilmente leva ao endividamento. Apesar disso, ele tem suas vantagens.

Vantagens do Pagamento a prazo

1)   **Não precisar andar com dinheiro.** Essa é uma das principais vantagens de se usar o cartão de crédito. Hoje em dia, praticamente qualquer estabelecimento comercial conta com essa opção de pagamento. Além da questão de segurança (por não ter que carregar uma grande quantidade de dinheiro no bolso), ainda tem a questão da praticidade, visto que você não precisa ficar contando troco. Dessa forma, sua única preocupação é se o valor da compra está de acordo com o que é registrado no cupom fiscal.

2)   **Ter um registro físico da compra.** Quando você compra algo à vista e não anota aquele gasto imediatamente, pode ser complicado puxá-lo da memória depois. Afinal, é muito comum sair para fazer compras, comprar vários itens em diversos lugares diferentes e depois nem saber quanto foi gasto em cada loja.

Por outro lado, quando você utiliza um cartão de crédito, mesmo que você perca o cupom fiscal, você ainda terá sua fatura para poder conferir a compra depois. Lá, você conseguirá visualizar o nome do estabelecimento, a data da compra e o valor pago. Então, se você for uma pessoa que tem dificuldade em manter registros das suas compras, o cartão de crédito pode ser de grande ajuda.

3) **Poder pagar no futuro.** Sem dúvida, essa é uma das melhores vantagens, se você tiver um bom controle das suas finanças. É possível fazer compras a prazo tranquilamente sem se endividar, se você conseguir controlar direitinho quanto do seu orçamento será utilizado para pagar as parcelas restantes e, é claro, não cometer o erro de comprar tudo a prazo de maneira indiscriminada.

Você pode, por exemplo, precisar comprar uma geladeira para sua casa, e até já ter o dinheiro para comprá-la à vista, mas achar melhor parcelar a compra, para não gastar seus recursos de uma vez só. Sendo assim, você pode comprar a prazo com o seguinte pensamento:

"Assim como pagarei a dívida no futuro, também receberei algum dinheiro no futuro".

Se esse dinheiro for algo garantido, por exemplo, se você recebe seu salário, certinho, sempre em dia, tudo bem.

No entanto, caso você não tenha uma renda muito estável, não é interessante se arriscar a fazer compras a prazo, visto que você não tem certeza de como estará sua renda no futuro.

Desvantagens do Pagamento a prazo

1) **Continuar a pagar por algo que você já consumiu.** Sabe aquela viagem maravilhosa de uma semana que você resolveu pagar em doze parcelas mensais? Pois é, a diversão pode ter durado pouco, mas você terá que pagar por ela pelos próximos meses até o ano terminar...

E veja, não estou dizendo que você não deva viajar, nem que não deva parcelar suas compras, mas é preciso ter cautela ao fazer seu planejamento. Afinal, você não quer que ao final da décima segunda parcela você já esteja com ódio da viagem achando que ela não valeu a pena.

Isso também se aplica àquelas festas de aniversário enormes que muitos pagam em várias parcelas ao longo do ano. Quando a pessoa finalmente termina de pagar, já completou aniversário de novo. É comum até sentir um pouco de tristeza e arrependimento por passar o ano todo trabalhando para pagar por um único dia de lazer.

É claro que sempre existe aquela história de que *"só se faz tal idade uma vez"* ou que você ou a pessoa que você quer homenagear merece mesmo aquela festa e que você não se importa em se endividar por uma boa causa, mas pense bem se isso realmente vale o estresse que você passa no restante do ano e se não há alguma alternativa mais barata que se encaixaria melhor no seu orçamento e com o mesmo grau de diversão.

2) **Estimular a formação de dívidas**. Essa segunda desvantagem está bem atrelada à primeira. Diferentemente do pagamento à vista, no qual você só compra se tiver o dinheiro disponível no momento, o pagamento a prazo permite que você faça uma dívida para pagar depois. E é aí que mora o perigo, pois é comum as pessoas que se endividam com facilidade empurrarem o problema para o dia seguinte. É um pensamento do tipo *"Vou deixar meu eu do futuro resolver essa questão"*.

Assim, ela ignora o peso que diversas parcelas de diversas

compras podem ter em seu orçamento. Você começa comprando R$ 100,00 dividido em 4 parcelas de R$ 25,00, depois compra mais R$ 300,00 dividido em 5 parcelas de R$ 60,00. E então, quando você se dá conta, sua fatura vem no valor de R$ 500,00 por mês só por conta das compras parceladas.

Essa é uma situação muito difícil de combater, pois é extremamente fácil contrair uma nova dívida. A pessoa com perfil **Devedor** não faz um planejamento antes de cada compra para saber quanto aquele gasto vai pesar em sua vida. Ela só pensa em até quantas vezes pode dividir a compra e considera apenas o valor da parcela da compra que está fazendo naquele momento. Com o cartão de crédito na mão, basta ter limite de sobra que o estrago é garantido.

Em contrapartida, quando você depende de saldo em conta corrente ou dinheiro vivo para fazer algum gasto, a história é bem diferente. Nesse caso, o que vai limitar sua capacidade de compra é o fato de você ter ou não o dinheiro na hora. Com o cartão de crédito, você pode gastar enquanto o limite não estourar e só nos meses seguintes é que terá que lidar com os **gastos excedentes**.

Adicione a tudo isso o fato de que é possível pagar apenas o **valor mínimo** da fatura do cartão e parcelar o restante. Pagar apenas o valor mínimo é mais uma maneira de se meter numa cilada. Esforce-se para nunca recorrer a isso. Pague sempre o **valor total da fatura** porque esse alívio momentâneo por pagar um valor menor agora, não durará muito quando você perceber que terá que pagar o restante com juros, e um dos juros mais altos do mercado, diga-se de passagem...

Além disso, você pode até parcelar uma fatura, mas no mês seguinte, se ainda não tiver se organizado, acabará fazendo mais compras, e a fatura virá alta de novo, e então você terá que pagar por essa e mais a que você parcelou. Assim, já dá para imaginar o tamanho da bola de neve que um cartão de crédito pode gerar, não é?

Portanto, parcele a fatura do cartão apenas como último recurso, e só se você se comprometer a não comprar mais nada nele até pagar por esse parcelamento.

Observe também que hoje em dia, não é mais tão difícil conseguir um cartão de crédito com um limite alto. Então, pense no perigo que é uma pessoa com um cartão de crédito cujo limite corresponde ao dobro do salário dela.

Já pensou no pesadelo que é ter um salário de R$ 1.000,00 e uma fatura no valor de R$ 2.000,00?

E veja que, na realidade, as pessoas não contam com apenas um cartão de crédito para parcelar suas compras. Hoje em dia, existe o cartão do banco, o cartão da loja de roupas, o cartão disso e daquilo. *E sem a devida organização financeira e com compulsão de sobra, sua dívida vai longe.*

Vales

Se você trabalha para uma empresa, pode ser que você receba parte de sua remuneração por meio de **vales**. A modalidade mais comum é o vale transporte. Além dele, também existe o vale alimentação, o vale refeição, o vale gasolina, e até o vale cultura. E como funciona o vale?

Normalmente, você tem um cartão no qual a empresa

deposita todo mês um valor fixo. No decorrer desse mês, você faz suas compras e os valores são deduzidos do saldo do seu cartão. No mês seguinte, a empresa depositará novamente aquele valor fixo e você contará com esse valor mais o que ficou de saldo dos meses anteriores. No entanto, observe que algumas vezes há um **prazo** para utilizar os créditos que ficam no vale. Há vales que duram no máximo 90 dias, ou seja, a partir do momento que a empresa depositou o valor no seu cartão, você terá até 90 dias para gastar.

Agora, vamos pensar um pouco na nossa relação com esse meio de pagamento.

Quando você recebe crédito no seu vale transporte, a empresa já deposita o valor exato que você utilizará para ir e voltar do trabalho todos os dias. E como o valor da passagem de ônibus é fixo, você não tem muito poder de decisão sobre como utilizar esse dinheiro, ou seja, não sobra muito espaço para você conseguir economizar.

Já no caso dos vales alimentação e refeição, há espaço para exercer seu **poder de decisão**. Inclusive, caso você não saiba, há uma diferença entre esses dois tipos de vales. Com o vale alimentação você compra alimentos que são preparados em casa, tais como: arroz, feijão, carne, etc. Você pode utilizar esse vale em supermercados. Por outro lado, com o vale refeição, você já compra a comida pronta para o consumo e você normalmente o utiliza em restaurantes, lanchonetes e padarias. Na prática, podemos dizer que você usa o *vale alimentação para fazer a feira* e o *vale refeição para almoçar* quando está no trabalho.

Mas, diferentemente do vale transporte, cuja tarifa da passagem de ônibus ou de metrô é fixa, você pode se alimentar onde você quiser. Se você ganha vale refeição, pode optar por almoçar em um restaurante mais caro ou em um mais barato.

As vantagens do vale são: não ter que andar com dinheiro e já poder contar com um valor certo para utilizar com esse tipo de despesa. A parte não tão legal é que é muito fácil receber o auxílio no início do mês e gastá-lo todo na primeira semana comendo em lugares caros. Se você recebe vale refeição, tenho certeza de que já passou por isso. Aquela vontade de aproveitar aquele saldo enorme do início do mês para ir naquele restaurante que você não tem coragem de gastar dinheiro vivo. Você torra seu vale na primeira semana, mas ainda precisa almoçar durante o restante do mês. Então, ou você traz comida de casa ou gasta dinheiro para almoçar. A mesma coisa acontece com o vale alimentação, quando compramos itens que não seriam considerados na nossa feira caso eles fossem comprados com dinheiro vivo.

Logo, de posse de seu vale refeição, será preciso avaliar se você quer comer bem durante uma semana e mal durante o restante do mês ou se quer *comer de forma razoável, durante todo o mês.* Você pode fazer um cálculo simples para saber o máximo que pode gastar por dia com seu vale. Por exemplo, se você ganha R$ 300,00 de vale por mês e o mês tem 20 dias úteis, basta dividir R$ 300,00 por 20 e descobrir que pode gastar até R$ 15,00 por dia com almoço.

Sabemos que, na prática, é difícil encontrar locais baratos para comer com um mínimo de qualidade. Fora a vontade que ficamos de gastar mais do que deveríamos. Mas você pode utilizar uma estratégia de tentar gastar menos durante as primeiras semanas para se recompensar no fim do mês.

Por exemplo, se você passar 19 dias gastando até R$ 14,00 com almoço, poderá gastar R$ 34,00 no último dia do mês. O importante é sempre pensar em estratégias que lhe ofereçam algum tipo de recompensa ao final de um período. Porque sejamos sinceros, ninguém quer passar todos os meses do ano comendo só feijão com arroz sem nenhuma novidade. Sendo assim, *você pode e deve se premiar pelo esforço.*

Ainda pensando naquele exemplo, imagina que você conseguiu gastar apenas R$ 10,00 por dia, durante os 10 primeiros dias úteis do mês. Agora, poderá gastar até R$ 20,00 nos últimos 10 dias úteis. As possibilidades são diversas.

Apesar desses benefícios trabalhistas normalmente não serem altos, você também não precisa viver nessa loucura de passar um dia comendo do bom e do melhor e comendo mal nos outros dias. Tenha em mente que nós *temos que viver de acordo com as nossas condições atuais enquanto buscamos um caminho para melhorar de vida.*

Não tente viver num falso luxo passageiro apenas para compensar o fato de que ainda não tem o padrão de vida que você realmente gostaria de ter.

Dinheiro que não é seu

Quando você paga com dinheiro que não é seu, isso significa

que você não ganhou esse dinheiro por meio do seu salário ou de alguma outra renda que você possua, tais como aluguéis, vendas de produtos, serviços, etc. Ou seja, alguma pessoa ou entidade chegou e disse *"Toma aqui, esse dinheiro agora é seu"*. E dependendo de quem lhe forneceu esse dinheiro, você pode ter que devolvê-lo depois, pagando juros ou não.

Empréstimo bancário

Vamos logo esclarecer que muitos confundem **empréstimos** com **financiamentos**. O financiamento é um crédito que você recebe para comprar algo específico, por exemplo, um carro ou um apartamento. Ele normalmente tem uma taxa de juros menor, pois se você não pagar as prestações, o banco simplesmente toma o bem que você adquiriu. Então, mesmo que você não pague, o banco conta com uma **garantia** que é, por exemplo, o carro ou imóvel adquirido.

Já no **empréstimo bancário** não tem isso. Você não precisa prestar contas de onde vai gastar o dinheiro. Você pode utilizá-lo tanto para comprar um carro quanto para comprar um caminhão de bombons. Dessa forma, a única coisa que o banco pode esperar é que você o pague. Por isso, o empréstimo tem taxas de juros mais altas que o financiamento. Lembrando que cada caso é um caso e sim, é possível encontrar empréstimos mais baratos que financiamentos. É interessante perceber também que quanto mais dinheiro e quanto mais tempo você solicitar para poder pagar pelo empréstimo, maior será a taxa de juros cobrada pelo banco.

E você? Já fez um empréstimo? Para quê? Para fazer uma viagem ou para trocar a mobília da sala?

Se você entrar em um site de um banco, é provável que ele já comece lhe incentivando a pegar um empréstimo para pagar por algo como: seu casamento, uma viagem, a reforma da casa e por aí vai. Só que empréstimos não deveriam ser encarados como algo tão trivial assim.

Empréstimos só deveriam ser feitos em situações de emergência, quando você realmente não tem alguém para lhe socorrer e quando for para pagar por algo totalmente inesperado e urgente. Por exemplo, por conta de algum motivo de saúde ou catástrofe. Sendo assim, eu não recomendo que você pegue um empréstimo para comprar um sofá novo para a sua sala, por exemplo.

E por que não? Bem, se você acha que um sofá vale R$ 1.000,00, então por que pagaria mais de R$ 2.600,00 por ele? Parece loucura não é? Então digite aí no Google, "Empréstimo pessoal" e escolha uma opção qualquer de simulador de empréstimo que ele lhe oferecer. Eu escolhi aqui, por exemplo, o de um banco que me disse que eu poderia pegar um empréstimo no valor de R$ 1.000,00 e pagar em até 12 parcelas de aproximadamente R$ 220,00. Será que isso é barato? Vamos fazer uma conta bem simples: R$ 220,00 vezes 12 parcelas dá um total de R$ 2.640,00.

Então, ao pegar R$ 1.000,00 emprestados hoje, eu pagaria R$ 2.640,00 quando terminasse de quitar todas as parcelas. Eu não sei você, mas não acho que isso seja um bom negócio. E olhe que não estamos nem contando com outras possíveis taxas bancárias para fazer o empréstimo, tais como: taxa de cadastro, IOF, entre outros.

E sabe por que muitas pessoas pegam esses empréstimos? Porque elas enxergam apenas o valor da parcela: R$ 220,00. Parece pouco não é? Comparado aos R$ 1.000,00 que eu terei disponíveis na hora.

É comum também a pessoa chegar ao banco e não entender nada sobre juros compostos, custo efetivo total e então receber atendimento e confiar que está tudo certo, que vai ficar tudo bem. Porque quem for lhe atender, vai lhe passar um ar de tranquilidade e segurança. Além disso, pode ser que você fique com vergonha de não entender nada daquilo e não queira demonstrar. Mas acredite, eles sempre sabem quando você não entende do assunto. Porque quando a pessoa entende, ela faz as perguntas certas.

Dessa forma, caso você realmente precise fazer um empréstimo, mesmo que você não entenda a linguagem rebuscada do banco, peça para que o atendente simplifique para você. *Não tenha vergonha de perguntar*. Você não é obrigado a se comprometer sem entender no que está se metendo. Pergunte *"Qual o valor das parcelas que eu vou ter que pagar?" "Quantas serão essas parcelas?".* Daí você multiplica o **valor das parcelas** pela **quantidade** e já terá uma ideia do montante que pagará ao final.

Por exemplo, se você pegar um empréstimo de R$ 1.000,00 para pagar em 10 parcelas, no valor de R$ 150,00, o que vai acontecer? Você pagará um total de R$ 1.500,00 ao banco (que é o resultado da conta 10 x R$ 150,00). Ora, se você pegou R$

1.000,00 e pagou R$ 1.500,00 ao banco, isso quer dizer que você pagou **R$ 500,00 só de juros**, fora os R$ 1.000,00 que devolveu.

Com essa pequena conta você já pode ter uma ideia do negócio que está tentando fazer. Em seguida, você pergunta *"Vou precisar pagar mais alguma taxa, além do valor da parcela?"* É importante perguntar, para descobrir se existe algum gasto oculto que você talvez só descobrisse depois que tivesse contratado o empréstimo. *Peça uma simulação do quanto você efetivamente vai pagar, com tudo incluso.*

Não se assuste se começarem a falar de taxa disso, taxa daquilo. Só se dê por satisfeito quando tiver entendido plenamente *quanto vai entrar no seu bolso e quanto vai sair.*

Cheque especial

O cheque especial é um valor **pré-aprovado** que o banco lhe disponibiliza quando sua conta fica no negativo. Por exemplo, quando você tem um cheque para compensar ou uma conta para pagar e não possui saldo suficiente. Em vez de bloquear esses pagamentos, o banco lhe empresta um valor para que você quite essas contas.

Como se trata de um valor pré-aprovado, você pode utilizá-lo a qualquer momento sem precisar dar nenhuma explicação ao banco. Por conta disso, ele cobra uma taxa de juros bem salgada. E a essa altura, você já deve ter entendido que quanto menos **garantias** o banco tem de que terá o dinheiro de volta, mais ele cobra em juros. Essa é uma forma de compensar uma possível perda caso o cliente não devolva o dinheiro.

O cheque especial funciona assim: Digamos que você tenha R$ 60,00 na sua conta, mais um limite de **R$ 450,00** de cheque especial e precisa pagar um boleto no valor de R$ 100,00. Então, você decide utilizar parte do cheque especial para efetuar o pagamento.

Assim que o boleto é pago, seu extrato ficará assim:

Limite do cheque especial: R$ 450,00.

Limite disponível do cheque especial: R$ 410,00 (pois você precisou utilizar R$ 40,00 dos R$ 450,00 de limite para complementar o pagamento do boleto).

Saldo em conta corrente: - R$ 40,00.

E aí, o que acontece depois? Se você deixar a conta parada e não fizer nenhum depósito para cobrir esse valor negativo (no caso, os R$ 40,00), você começará a pagar juros por esse dinheiro emprestado.

Caso você não pague, no mês seguinte terá os R$ 40,00 negativos, mais os juros, que vamos supor que foram de R$ 4,00. Ou seja, agora você está com R$ 44,00 negativos na sua conta.

Se ainda assim você não pagar, então no mês seguinte estará devendo juros sobre esses R$ 44,00, ou seja, sobre os R$ 40,00 que você utilizou, mais os R$ 4,00 de juros. É por isso que chamamos de **juros sobre juros**.

Para **liquidar** uma dívida de cheque especial, basta fazer o depósito na sua conta corrente para deixá-la com um valor positivo de novo.

Lembrando que se, no exemplo, você resolveu depositar exatamente os **R$ 44,00** para deixar a conta zerada, mas tinha passado boa parte do mês com a conta no negativo, no mês seguinte aparecerá ainda mais uma cobrança relativa a esse tempo em que você ficou no negativo, então fique esperto. Cheque especial não é brincadeira, pois sua dívida pode dobrar rapidamente.

Em julho de 2018, algumas regras do cheque especial foram modificadas. Agora, o banco é obrigado a avisar ao cliente quando não houver saldo suficiente para realizar um pagamento e ele precise utilizar o cheque especial. O banco também precisa deixar bem claro que o cliente fez a contratação do cheque especial e deve oferecer uma opção para parcelar o saldo devedor com juros menores que o que foi cobrado originalmente. Por fim, o limite do cheque especial deve ser mostrado de uma forma que não se confunda com o saldo em conta corrente do cliente.

Além disso, a partir de 2020 ocorreram novas mudanças. Agora, os bancos podem cobrar o **máximo** de 8% ao mês de juros no cheque especial para contas de **pessoa física**. Por outro lado, eles podem agora cobrar uma taxa de 0,25% ao mês pelo valor disponibilizado de cheque especial que exceder a R$ 500,00 e que não tenha sido utilizado pelo cliente.

Ou seja, caso você tenha um limite disponível de mais de R$ 500,00 no cheque especial e nunca o utilize, avise ao seu banco que você não deseja ter mais que R$ 500,00 de limite. Faça isso para evitar cobranças desnecessárias sobre algo que você não consumiu.

Mesmo com as mudanças mais recentes, o cheque especial continua não sendo uma opção interessante de crédito. Ele só deve ser utilizado em último caso, para enfrentar uma situação que você não teve como prever e na qual não consiga utilizar uma alternativa de crédito mais barata.

Contando com ajuda

Às vezes tudo o que basta para cairmos na real é parar de receber alguma ajuda financeira que era considerada como garantida.

Como assim?

Vamos imaginar a vida de um estudante universitário de classe média que acabou de arranjar um emprego e decidiu sair da casa dos pais em busca de independência.

Em pouco tempo, ele percebe que sua vida se resume a **pagar boletos** de contas que ele nem sequer sabia que existiam. Isso porque ele poderia até imaginar que teria que começar a pagar conta de luz, água e telefone, mas percebeu que existem outros tantos gastos com os quais ele não contava. Ele se irritou por ter que pagar pelo IPTU do apartamento que alugou, pela taxa de bombeiro, e por uma tal taxa de instalação do gás de cozinha.

Além de tudo isso, o condomínio onde ele mora adora fazer reformas no edifício. Logo, sempre surge uma taxa extra todos os meses. Quando esse estudante parece ter finalmente conseguido organizar suas finanças, ele vai até seus pais, muito orgulhoso, e afirma já ser um adulto independente, um adulto que paga todas as suas contas sozinho.

Então seus pais lhe perguntam: *"E quem é que está pagando pela sua faculdade?"* Sim, tal como você já deve ter imaginado, são eles. O estudante então responde meio sem graça que o combinado era de que os pais continuariam a pagar pela graduação até que ele se formasse. Mas o que esses pais quiseram frisar é que o filho ainda não é independente financeiramente. Afinal, imagina só o que aconteceria se esses pais passassem por alguma dificuldade financeira e não pudessem mais pagar pela graduação do filho? Provavelmente o estudante teria que trancar sua matrícula ou conseguir uma renda extra para financiar seus estudos.

Nem sempre percebemos quando estamos utilizando a **ajuda financeira** de alguém. Por exemplo, o simples fato de você almoçar ou jantar na casa dos seus pais todos os dias já resulta em uma redução de gastos para você e um aumento no deles.

Isso é contar com ajuda.

Sendo assim, é importante que você faça uma **lista** de todos os esses itens que considera como garantidos para ter uma reserva de dinheiro caso você não possa mais contar com essa ajuda.

Se você tem algum **parente** ou **amigo** ao qual você está acostumado a pedir dinheiro com frequência e essa pessoa, de maneira muito generosa lhe dá, pense que isso tem que ser considerado no seu **orçamento**. Por exemplo, se você ganha uma cesta básica, se alguém paga pelo seu plano de saúde, ou mesmo, se alguém lhe dá algum valor monetário por semana, registre esse fato como uma **entrada de dinheiro**.

Observe que esse é um meio de pagamento que não se

enquadra em pagamento à vista, nem a prazo, muito menos vales. É um empréstimo? Não, pois aqui estamos considerando aquelas ajudas em que a pessoa não pede a devolução do valor. Empréstimo é empréstimo. Nesse caso aqui, muitas vezes você nem vê o dinheiro entrando e saindo. Pode ser que você receba diretamente o produto ou serviço do qual necessita.

E é muito importante que você entenda esse conceito por dois motivos:

1) Para que você **reconheça e seja grato** às pessoas que lhe ajudam, já que elas estão lhe dando um fôlego para que você consiga melhorar de vida.

2) Para que você **estabeleça um prazo** para não precisar mais contar com essa ajuda, ou mesmo, até reverter a situação e passar a ser um apoio para as pessoas que lhe ajudaram.

Resumo

Nessa seção, vimos que há quatro formas básicas de se pagar por algo: à vista, a prazo, com vales ou com dinheiro que não é seu.

Com relação à **compra à vista**, vimos que suas principais **vantagens** são:

1) Desestimular a formação de dívidas.

2) Maior facilidade de manter um registro dos seus gastos.

3) Possibilidade de obter um desconto na compra.

4) Você se forçar a economizar para comprar em vez de fazer

uma dívida para pagar depois.

5) Priorizar o que é realmente necessário, já que você precisa dispor do dinheiro na hora para realizar a compra.

Também vimos que suas principais **desvantagens** são:

1) Pagar mais juros ao pedir emprestado (se você não tiver dinheiro). Ou seja, se você compra tudo à vista e eventualmente fica sem dinheiro em caixa, será mais difícil conseguir dinheiro emprestado no banco depois. *Os bancos emprestam dinheiro a juros mais baixos a quem tem alguma garantia para dar.*

2) Gastar uma possibilidade de investimento. Lembra? É quando você paga uma conta muito antes do vencimento quando poderia ter aplicado o valor na poupança, por exemplo.

Vimos que as **vantagens da compra a prazo** são:

1) Não precisar andar com dinheiro.

2) Ter um registro físico da compra, pois mesmo que você perca seu cupom fiscal, ainda terá sua fatura para conferência.

3) Pagar no futuro. Isso se você estiver se planejando para honrar aquele compromisso em vez de simplesmente empurrar a conta para o seu *"eu do futuro"* resolver.

E como nem tudo são flores, temos que as **desvantagens da compra a prazo** são:

1) Continuar a pagar por algo que você já consumiu.

2) Estimular a formação de dívidas.

Com relação aos pagamentos com **vales**, vimos que é importante traçar uma estratégia para não gastar todo o saldo de uma vez só. Crie uma recompensa pelo seu esforço para que você não se sinta desestimulado. Dessa forma, será mais difícil cair na tentação de gastar todo o seu saldo no início do mês.

Vimos também que outra forma de pagar por alguma coisa é quando você utiliza **dinheiro que não é seu**. Falamos de **empréstimos**, **cheque especial** e **ajuda financeira** de parentes e amigos.

Lembrando que precisamos tentar fugir ao máximo de empréstimos, a não ser que seja algo realmente urgente. Por exemplo, um computador pode ser algo que você não devesse priorizar agora se for apenas por puro lazer, mas se você precisa de um computador para trabalhar, ou seja, se você tira seu sustento dele, então ele pode ser considerado um gasto urgente.

De toda forma, um **empréstimo pessoal** ainda é melhor do que utilizar o cheque especial, pois nesse último os juros são mais altos e ele é mais difícil de quitar. Isso se deve ao fato de que no empréstimo você já conhece o total de parcelas e quanto pagará em cada uma delas. Já no **cheque especial**, é muito fácil perder o controle, pois você utiliza uma parte do limite disponível, depois paga por essa parte e então vêm os juros no mês seguinte. Nesse meio tempo, você já pode ter utilizado o limite outra vez. Infelizmente, esse tipo de crédito muitas vezes se mostra uma solução de curto prazo que pode complicar suas finanças no futuro.

Por fim, vimos que quando recebemos algum tipo de **ajuda financeira**, é preciso considerá-la no nosso orçamento. Afinal, é provável que você não conte com esse auxílio para sempre, não é?

A seguir, vamos falar sobre como organizar melhor nossos gastos, mas primeiro, faremos um pequeno exercício sobre o que vimos nessa seção.

Questionário – Meios de pagamento

Pergunta 1:

Daqui a seis meses será o aniversário da namorada de Caio e ele quer lhe dar um smartphone de presente que custa R$ 1.200,00. O que Caio deve fazer?

a) Comprar o smartphone agora, parcelado em 6 vezes no cartão e guardar o presente até o dia do aniversário.

b) Esperar até que o aniversário esteja próximo para comprar o smartphone em 12 vezes no cartão, com juros. (Ele pagará o total de R$1.440,00 pelo aparelho).

c) Poupar R$ 200,00 por mês para comprar o smartphone à vista, com desconto.

Resposta: Com relação à **letra A**, não faz muito sentido comprar um item desse tipo com tanta antecedência visto que no período de seis meses, podem surgir aparelhos mais modernos e até mais baratos. Além disso, se ele tiver comprado um produto com defeito de fabricação e o mantiver fechado na embalagem por todo esse tempo, poderá perder a garantia do aparelho. Por fim, imagine que as parcelas que ele está pagando durante esses seis meses poderiam estar rendendo algum dinheiro na poupança, em vez de servirem para pagar pela fatura do cartão de crédito.

Sobre a **letra B**, em geral, não é uma opção ruim se ele tiver um bom planejamento financeiro para pagar por essas parcelas sem comprometer seu orçamento. Só não é a melhor opção por conta desses juros de 20% que ele teria que pagar (R$ 1.440,00 dividido por R$ 1.200,00 menos 1 = 20%).

A **letra C** é a melhor alternativa, pois além de obter um desconto com a compra à vista, ele ainda poderá chegar no dia da compra e ter a opção de decidir por outro tipo de presente. Além disso, ele pode se beneficiar dos rendimentos por ter aplicado o dinheiro enquanto esperava a data certa para gastá-lo.

Pergunta 2:

Renata recebe R$ 399,00 de vale refeição e sabe que neste mês haverá 21 dias úteis. Se ela gastar apenas R$ 9,00 por dia durante os primeiros 11 dias úteis do mês, até quanto ela poderá gastar diariamente com almoço nos últimos 10 dias úteis?

a) R$ 30,00.

b) R$ 13,30.

c) R$ 19,00.

Resposta: **Letra A.** Se ela gastar R$ 9,00 por dia, ao final do 11º dia, terá gastado um total de R$ 99,00 (R$ 9,00 x 11). Dos R$ 399,00 que ela tinha, agora ela tem R$ 300,00 (R$ 399,00 - 99,00). Agora, ela poderá gastar até R$ 30,00 por dia durante os próximos 10 dias úteis (R$ 300,00 dividido por 10).

Pergunta 3:

Flora resolveu fazer um empréstimo de R$ 3.000,00, pois precisa urgentemente de dinheiro para tratar de um problema de saúde.

O gerente do seu banco lhe ofereceu duas opções:

Opção A: Pagamento em 15 parcelas de R$ 550,00.

Opção B: Pagamento em 18 parcelas de R$ 499,00.

Qual das duas opções ela deve aceitar se quiser pagar menos juros?

Resposta: **Opção A**. Nessa opção, ela pagará ao banco R$ 8.250,00 no total (15 x R$ 550,00). Desse valor, **R$ 5.250,00** serão de juros (R$ 8.250,00 – R$ 3.000,00). Apesar do valor da parcela ser maior, ao final ela pagará menos juros do que na opção B, em que ela teria **R$ 5.982,00** de juros (18 x R$ 499,00 = R$ 8.982,00 – R$ 3.000,00 = R$ 5.982,00).

4 – ORGANIZANDO SEUS GASTOS

Nesta seção, vamos falar primeiramente sobre alguns motivos que lhe impedem de ser organizar. Também vamos entender que antes de sequer registrar os valores de cada gasto, é preciso elencar esses itens e distribuí-los de acordo com a prioridade que eles têm na sua vida.

Você verá como pode organizar seus **gastos mensais, anuais, eventuais** e até como lidar com as suas **dívidas**.

Por que não consigo me organizar

Organizar-se financeiramente pode ser bem difícil se você não construiu esse hábito desde cedo. E não é algo que se resolve simplesmente assistindo um curso e vendo alguém preenchendo planilhas ou baixando um aplicativo de finanças pessoais no seu smartphone. Há dois principais motivos para que uma pessoa não consiga se organizar. Vamos analisar cada um deles:

1) Medo de saber a verdade.

Às vezes, preferimos continuar naquela oscilação entre ser "rico" no início do mês e "pobre" no fim, pois esse tipo de pensamento nos permite cometer extravagâncias sem sentir muita culpa. No entanto, quem passa o mês gastando sem qualquer critério, acaba sofrendo privações no fim do mês.

Se você não controla seus gastos, não tem como saber que no seu orçamento não cabe gastar R$ 300,00 em uma única saída à noite. E se, por exemplo, você recebe um salário de R$ 2.000,00 e precisa bancar uma casa, é provável que seja inviável ficar pedindo pizza no jantar todos os dias.

Mesmo assim, há pessoas tendo gastos incompatíveis com o padrão de vida que deveriam ter. E para completar, quando finalmente acaba o dinheiro do salário daquele mês, entra em cena o cartão de crédito. E aí você já imagina a bola de neve que isso pode se tornar...

Agora, vamos pensar especificamente na sua situação. Você sabe dizer quanto ganha por mês? Ora, acredito que essa não tenha sido uma pergunta tão difícil, não é? Por outro lado, você gostaria de saber quanto você gasta por mês?

Bem, se você sentiu um leve desconforto com a segunda pergunta, e se seu cérebro quis logo mudar de assunto, talvez você também tenha problemas para encarar a realidade. Então, trabalhe nisso primeiramente, faça uma reflexão e entenda como o fato de *saber quanto você gasta fará bem a você*. Eu sei que isso parece muito óbvio, mas reflita de verdade se você sente algum incômodo ao pensar sobre isso. Se você, de fato, se sentir assim, talvez acabe bloqueando qualquer forma de aprendizado e aí nenhum livro ou curso conseguirá lhe ajudar.

Quando você se organiza, isso não quer dizer que passará a viver uma vida de privações. Muito pelo contrário. Você conseguirá usufruir muito melhor, entendendo seus **limites**, estabelecendo **recompensas**, e sua saúde mental pode melhorar consideravelmente. Afinal, seu nível de estresse por precisar se preocupar menos com dinheiro. Um segundo motivo para não conseguir se organizar é:

2) Falta de disciplina

Você pode até ter se conscientizado de que precisa se organizar e resolveu baixar um aplicativo que promete lhe auxiliar a controlar suas finanças. Tudo correu muito bem no primeiro dia, talvez até na primeira semana, até que você se esqueceu de anotar um gasto aqui, outro ali. Agora, ficou tudo uma bagunça, você não se lembra do que gastou três dias atrás e acaba, por fim, desistindo de todo o processo.

Organização financeira é como dieta. Não adianta começar de repente sem um planejamento mental prévio. A mudança precisa ser **gradativa**. Quantas pessoas você conhece que fizeram um regime e perderam muito peso em um mês para ganhar tudo de novo no mês seguinte? É o chamado efeito sanfona. No entanto, as pessoas que conseguiram obter o resultado desejado, de maneira permanente, foram as que conseguiram mudar seus hábitos e suas mentes.

E é por isso que é tão difícil ensinar sobre finanças pessoais. Porque muitas vezes quem está ensinando pensa que o problema de quem está aprendendo é simplesmente o método utilizado. O instrutor tentará recomendar o uso de planilhas, aplicativos, etc., além de utilizar termos excessivamente técnicos em vez de prezar pela simplicidade. Isso porque quem entende de finanças gosta mesmo de falar sobre o assunto e talvez pense que todo mundo gosta e tem facilidade também.

O problema é que nada disso vai adiantar muito se você não entender que o que vai promover uma mudança na sua vida não é uma planilha mágica do Excel, mas uma mudança nas suas **atitudes**. Afinal, não dá para viver fazendo dieta durante 2 meses do ano e passar os outros 10 comendo o que bem entende e se lamentando pela sua saúde.

Ora, por acaso, você tem o hábito de escovar os dentes 2 ou 3 vezes por dia? Você já faz isso automaticamente, não é? Pois bem, é a mesma coisa quando falamos de finanças pessoais. Nesse caso, você precisará primeiramente desenvolver o hábito de anotar seus gastos todos os dias, seja numa agenda física, num caderninho, no celular, no computador.

Não importa o método que você utiliza. O que importa são os hábitos que você cria.

Uma vez que você for tomando o controle sobre a sua vida financeira, começará a sentir quanto isso é libertador. Você sente que a sua vida vai ficando mais leve. E, no meio de tantos problemas que temos que enfrentar no dia-a-dia, o dinheiro vai se tornando, finalmente, uma preocupação a menos.

A seguir, vamos falar sobre como você pode organizar seus **gastos mensais**.

Gastos mensais

Conseguimos nos lembrar com mais facilidade dos nossos gastos mensais, justamente porque eles são recorrentes. Todo mês a conta chega, sem falta. Alguns exemplos desses gastos são: **Aluguel, condomínio, água, energia, mensalidade escolar, internet, plano de saúde, etc.**

Além disso, esses são gastos que geralmente têm uma prioridade mais alta, pois se você deixar de pagá-los, algo muito ruim pode acontecer em pouco tempo. Por exemplo, se você deixar de pagar o aluguel, poderá ser despejado. Se você não pagar a conta de água, energia ou internet, esses serviços poderão ser cancelados.

Então, ao montar seu orçamento, esses serão os primeiros itens que você deverá elencar, pois além de pesarem mais, são também alguns dos mais complicados de ser alterados no curto prazo. Por isso, vamos chamá-los de **gastos fixos**. Em outras palavras, são gastos que certamente ocorrerão todos os meses.

E por que dizemos que eles são mais complicados? Porque se você quiser pagar por um aluguel mais barato, provavelmente precisará se mudar. Para diminuir a mensalidade escolar, você precisará mudar seus filhos de escola e assim por diante. Observe que você até pode diminuir o que paga de água e energia, reduzindo o seu consumo, mas você não ninguém possui o controle direto sobre o quanto as concessionárias cobram por volume consumido, entende?

Sendo assim, *gastos fixos devem ficar no topo do seu orçamento*. Isso ajuda caso você precise escolher qual conta pagará e qual atrasará um pouco. Quando você se encontrar em algum dilema do tipo, no qual seus recursos são limitados e você precisa escolher o que pagar, pense na **consequência** de não pagar determinada conta e isso facilitará sua decisão. Visualizando dessa forma, você terá uma ideia de quais são os gastos mais importantes e que não podem deixar de serem pagos.

Exemplificando, se você não paga a conta de internet, esse serviço será cortado. Mas se você não a utiliza para trabalhar, isso talvez não lhe afete de maneira muito crítica no curto prazo, ou seja, você sobreviveria alguns dias mesmo sem esse serviço. Por outro lado, se você não paga a conta de energia, sua energia será cortada e sem energia você ficará automaticamente sem internet. Então, perderá dois serviços por ter deixado de pagar por apenas um. Nesse exemplo, a conta de energia tem uma **prioridade** maior do que a conta de internet.

Além disso, você tem outros gastos que não necessariamente paga de uma vez, mas que formam um montante que é mais ou menos o mesmo **todos os meses**. São gastos com **alimentação** e **transporte**, por exemplo. Você pode ser uma pessoa que faz uma feira no mês e não compra mais nada ou uma pessoa que passa no mercado todos os dias. Você pode ser uma pessoa que abastece o combustível do seu carro toda semana ou uma vez por mês.

O importante é que você perceba que a soma desses gastos resultará em um **valor mensal**. Mas diferentemente daqueles itens lá do começo (tais como aluguel, energia, etc.), esses são itens mais fáceis de mexer. Claro que não estamos dizendo que alimentação e transporte não são importantes, mas que são mais **flexíveis**.

Você não pode mudar de uma hora pra outra o valor do aluguel que paga, mas pode fazer uma feira composta de produtos de marcas mais baratas do que está acostumado a comprar. Pode tentar encontrar um posto com um combustível mais em conta, ou utilizar um meio de transporte mais barato como bicicleta ou mesmo andar a pé. Por isso, esses itens estariam abaixo daqueles falados lá no início.

Então, quando você estiver organizando seus gastos mensais, seu objetivo será elencar os itens de acordo com *a prioridade, o peso e o grau de flexibilidade* que eles têm no seu orçamento. Ou seja, um item que traria consequências drásticas se não fosse pago, que tivesse um peso muito grande no seu orçamento e que tivesse um grau baixo de flexibilidade estaria logo no topo da sua lista, como o aluguel, por exemplo.

Lembrando que alguém pode considerar um gasto com **plano de saúde** mais importante do que a conta de **internet**, se for o caso de precisar realizar muitas consultas médicas e exames todos os meses. Por outro lado, alguém que trabalha utilizando **internet** pode colocar esse gasto no topo da lista, antes do **plano de saúde**.

Outro ponto importante: concentre todos os gastos com **Alimentação** em um único item (ou seja, itens que compõe sua feira e saídas para restaurantes). Assim, você terá um valor total que poderá utilizar ao longo do mês com alimentação em geral, em vez de ficar tentado a ir a um restaurante só porque criou um item no seu orçamento chamado **Restaurantes**.

Gastos anuais

Gastos anuais são os que ocorrem uma vez por ano e pegam de surpresa quem não tem um bom planejamento financeiro. Alguns exemplos são: **IPTU do seu imóvel, IPVA do seu carro, seguros, taxa de bombeiro, material escolar, etc.**

Apesar de parecerem ser uma surpresa, na verdade, esses gastos têm data certa para acontecer. Por isso, não seria tão difícil se planejar para eles, bastando saber em que mês ocorreram no ano passado para já considerá-los no seu orçamento desse ano.

Para alguns gastos anuais, como o IPTU, você até tem pode solicitar que o pagamento ocorra de forma parcelada. Outros tipos, no entanto, não oferecem essa opção. Por exemplo, com relação ao material escolar dos seus filhos, você pode até parcelar parte dos gastos, mas sempre haverá alguns itens que você precisará comprar à vista.

Muitos destinam o 13º salário para custear gastos anuais, o que não é errado, mas na maioria das vezes o 13º acaba sendo utilizado para as compras de fim de ano. Sendo assim, quem não se programou, acaba passando o maior aperto porque além das contas mensais que já tem, ainda aparecem mais esses gastos "extras". Então, o que fazer?

Lembra que um dos motivos para as pessoas não se organizarem é **o medo de descobrir a verdade**? Pois bem, se você tem filhos em idade escolar, que estudam em escola particular e você sabe que todo ano precisa comprar livros antes de começarem as aulas, então esse gasto não deveria ser nenhuma surpresa para você. Não adianta reclamar que o preço do material é caro, nem tentar botar a culpa em ninguém. Você precisa agir. Tome o controle sobre a sua vida e planeje o seu ano já considerando que você gastará dinheiro com isso.

Da mesma forma, também não adianta reclamar que o IPVA do carro é caro, pois qual seria sua opção no curto prazo? Deixar de pagá-lo? E enquanto isso o seu carro ficaria transitando sem estar com a documentação em dia? Você tentaria subornar agentes de trânsito para não apreenderem seu veículo?

Essas perguntas servem para você se lembrar de **priorizar seus gastos** de acordo com as consequências de não pagá-los. Ficar sem carro é uma opção? Se não for uma opção, então cuide das obrigações relativas a esse compromisso. Em nome da sua tranquilidade de espírito, enumere já, quais são seus **gastos anuais**. Pare por um momento e faça uma lista do que você paga todo ano, sem falta.

Certo, você pode até saber o que pagou no ano passado, mas não sabe o valor que a conta virá este ano, já que no caso de impostos, por exemplo, você ainda não sabe qual será o percentual de aumento sobre eles. Não tem problema. Estime que você pagará pelo menos um pouco mais do que você pagou ano passado. Por exemplo, se você pagou R$ 400,00 por uma conta anual, estime que esse ano pagará uns R$ 450,00.

Ah, é aqui que os especialistas em finanças condenariam essa simplicidade, pois o correto seria você pensar em termos de inflação e aplicar esse índice aos seus gastos, mas, na prática, não se preocupe com isso agora. Apenas trabalhe com uma estimativa que lhe deixe confortável. Depois que você fizer isso pela primeira vez, no ano seguinte você poderá ir ajustando e percebendo que uma determinada conta acabou sendo mais barata do que você imaginava que seria, ou que você estimou um valor abaixo do que realmente aconteceu.

Você não pode é ficar preso a um monte de cálculos e se esquecer de que o essencial é considerar o que foi pago no passado para planejar e o que provavelmente será pago no futuro. *Não precisa acertar na mosca.*

Depois de descobrir que gastos aparecerão na sua vida ao longo do ano, o ideal é que você estime o valor de cada item, divida-o por 12 e reserve esses valores todos os meses. Por exemplo, se você paga um **IPTU** no valor de R$ 1.200,00, guarde R$ 100,00 todos os meses para na data de pagamento, você já ter o valor completo para pagá-lo integralmente, sem estresse.

Tal como foi mencionado antes, você também pode considerar o valor do seu **13º salário** para pagar por esses gastos anuais. Você só precisa botar na cabeça que esse dinheiro não deverá ser gasto com nenhuma despesa corrente do mês, pois ele estará reservado apenas para as contas anuais.

Você poder estar pensando agora que *"isso tudo é muito simples para dar certo"*. Mas *precisa ser simples mesmo*. Se ficarmos procurando soluções muito complicadas, acabamos inventando um monte de obstáculos para nem sequer começar. Tal como já foi dito, precisamos trabalhar de forma gradativa, um passo de cada vez.

Gastos eventuais

Agora que você já separou quais são seus **gastos mensais** e **anuais**, vamos pensar nos seus **gastos eventuais**. Gastos eventuais são aqueles que podem ou não acontecer. Como você não tem como saber com certeza, então deixe um valor reservado todo mês, mas que não necessariamente você gastará. Alguns exemplos desses tipos de gastos são: **Remédios, presentes, manutenção da casa, dentre outros.**

Aqui, você estabelecerá um **valor máximo** que espera gastar **por mês** com esses itens. Ou seja, é um valor limite, ok? Não quer dizer que você tem que gastar tudo o que alocou para este item. Apenas esteja preparado para gastar até o valor estipulado caso ocorram.

Se, por exemplo, no mês de janeiro, você estipulou que gastaria até R$ 100,00 com presentes e acabou que não foi o aniversário de ninguém, o que você faz? Gasta esse valor comprando um presente para você? Não! Você deve jogar esse valor para o último mês do seu orçamento. Então, nesse exemplo, a verba de dezembro passaria a ser de R$ 200,00 em vez de R$ 100,00.

E por que isso? Para não cairmos na tentação de, no último do dia mês, arrumar alguma desculpa para gastar o dinheiro que sobrou. Porque você pode pensar *"Eu só tenho R$ 100,00 de verba, se eu não gastar agora, não vou perder de gastar mais"*. E não é bem assim. Esse dinheiro ainda é seu, mas você só poderá utilizá-lo no futuro.

E sabe por que é importante fazer assim? Porque imagina se no mês seguinte, aparece mais uma pessoa que você queria presentear, mas você já gastou todo o dinheiro que sobrou daquela verba?

Quando você separa um dinheiro específico para esses gastos, naturalmente vão ter meses que você vai gastar menos que o esperado e outros que você vai gastar um pouco mais. Afinal, você não tem como saber quando vai ficar doente, nem quanto vai gastar com remédios e nem quando alguma coisa na sua casa vai quebrar.

Mas, imagina que todo mês você separa R$ 100,00 para gastar com remédios, mas passa 5 meses sem nem sequer precisar pisar na farmácia. Até então você acumulou R$ 500,00, certo? E aí, chega o sexto mês e você fica doente e precisa tomar um monte de remédios que não são nada baratos. Ainda bem que você vai ter os R$ 100,00 daquele mês para comprar esses remédios, além dos R$ 500,00 que foram acumulados dos meses anteriores. Por isso, quando sobrar dinheiro de uma verba relacionada a um gasto eventual, *não gaste esse dinheiro com outra coisa*. Em vez disso, jogue esse dinheiro para frente. Considere esse valor como uma **reserva** caso você precise gastar além do previsto nos meses seguintes.

Dessa forma, você consegue se proteger contra eventos surpresas. Mas nem tudo se resume a obrigações chatas, pois você também deve colocar no seu orçamento um item chamado **Lazer** e aplicar exatamente a mesma lógica. Você estabelece, por exemplo, que pode gastar até R$ 150,00 por mês com qualquer coisa que você quiser. Pode ser indo na balada, comprando um jogo, indo num rodízio. E então, se ao fim do mês você só tenha gastado R$ 100,00, jogue esses R$ 50,00 que sobraram lá para o mês de dezembro, que agora terá R$ 200,00 disponíveis.

Por que sempre "jogar" para o mês de dezembro?

Para você ficar mais estimulado a poupar agora a fim de receber uma recompensa num futuro não tão distante. Em dezembro, se você tiver acumulado muito dinheiro para gastar com lazer, poderá até cometer uma "extravagância" sem ficar se sentindo culpado, afinal você reservou aquele dinheiro o ano todo para isso.

E isso é bem diferente de gastar muito dinheiro de uma única vez num fim de semana e ficar pagando por essa diversão de maneira parcelada nos meses seguintes. Agora imagine como será legal poder gastar sem um pingo de dor na consciência. Com certeza você aproveitará muito mais.

Dívidas

Caso você seja uma pessoa endividada, seu primeiro passo deve ser elencar todas elas e verificar quais são as que têm o **maior valor** e **a maior taxa de juros**. Isso porque se, por exemplo, você fez **dois empréstimos de mesmo valor** e só conseguirá pagar a parcela de um deles nesse mês, deverá escolher o que cobra os **juros mais altos**. Caso você se sinta inseguro sobre como fazer isso, peça ajuda ao gerente do seu banco. Afinal, é importante que você mostre disposição para **renegociar suas dívidas** em vez de fugir e esperar que elas sumam.

Uma boa opção é o que chamamos de **transferência de dívida**. Que é quando você tem uma dívida de juros muito elevados e você troca essa dívida por uma de juros menor. Por exemplo, quando você pega um **empréstimo pessoal** para liquidar seu saldo devedor do **cheque especial**, pois como foi visto anteriormente, o cheque especial é um valor que lhe é fornecido sem precisar de garantias, portanto, o banco cobra uma taxa de juros maior do que por um empréstimo pessoal, no qual ele faz previamente uma **análise de crédito**.

E isso é só um exemplo. Se você tiver alguém (amigo ou parente) que possa lhe emprestar dinheiro temporariamente para que você consiga pagar sua dívida, melhor. Porque naturalmente essa pessoa, não lhe cobrará a taxa de juros que um banco cobraria pelo empréstimo, não é?

Agora, um ponto importante: Nunca peça dinheiro emprestado a agiotas. De jeito nenhum. E por que não? Se você faz um empréstimo pessoal com um banco e não consegue pagá-lo, o banco informará ao SPC e ao Serasa sobre essa pendência, você receberá uma carta informando que tem um prazo para renegociar a dívida e caso não cumpra esse prazo, seu nome será negativado. Por outro lado, a prática de agiotagem é crime. Não vá pensando que é um empréstimo fácil, rápido e sem burocracia. Porque além de você ficar sujeito a **juros abusivos**, você ainda pode sofrer toda sorte de ameaças, inclusive de morte. Então, não use isso nem como último recurso, ok?

Bem, e depois que você renegocia sua dívida com o banco, o que acontece? Ele provavelmente lhe dará um novo prazo para pagar, estipulará um novo valor para as parcelas restantes e você precisará colocar um espaço no seu orçamento para encaixar o pagamento desses valores. E, infelizmente, você passará um tempo economizando no que você puder para pagar por essa dívida. Enquanto isso, não deixe de pagar suas despesas essenciais como moradia e alimentação, mas evite ao máximo os gastos que forem puramente por lazer. É possível sair das dívidas sim, mas isso vai exigir consideravelmente de você. O importante é nunca tentar se esconder, nem tentar empurrar nada para debaixo do tapete. Resolva tudo com calma, sempre tentando chegar a um acordo com o seu credor (e que seja razoável para ambos).

Ah, e se você não tem dívidas, nunca é uma boa hora para

começar a ter.

Resumo

Nessa seção, falamos sobre dois motivos que impedem as pessoas de se organizarem financeiramente: O **medo de saber a verdade** e a **falta de disciplina**.

Vimos como podemos organizar nossos **gastos mensais**, **anuais** e **eventuais**. Lembrando que devemos elencar os itens de acordo com a **prioridade**, o **peso** e o grau de **flexibilidade** que eles tiverem no nosso orçamento.

Os **gastos mensais** são até fáceis de prever, pois ocorrem todos os meses. No entanto, você também deverá se planejar para os **gastos anuais** e estimá-los de acordo com o que você pagou no ano anterior, para que você não seja pego de surpresa.

Quanto aos **gastos eventuais**, crie uma reserva mensal para caso eles aconteçam. E se você não gastar a reserva toda, pode jogá-la para o último mês do seu orçamento para desfrutar de um valor a mais para gastar no final. Essa é uma boa maneira de se recompensar pelo esforço de se manter dentro do orçamento.

Por fim, vimos que é importante **priorizar suas dívidas** de forma que a que tenham as maiores taxa de juros e os maiores montantes recebam mais atenção. Devemos sempre prezar também por uma **negociação** com nossos credores o mais rápido possível, em vez de ficar tentando fugir dos nossos compromissos (e evitando também assim, que as dívidas cresçam ainda mais).

É importante que você faça logo sua **lista** com todos

os gastos que você se lembrar. Não precisa pensar em valores monetários agora. Apenas enumere quais são os itens que compõem seus **gastos mensais, anuais** e **eventuais**. Lembre-se de colocá-los por ordem de prioridade.

Abaixo, seguem exemplos de alguns dos **gastos mais comuns** já na ordem que eles podem aparecer no seu orçamento. Considere apenas os itens que realmente façam parte da sua rotina. A ordem apresentada aqui é apenas uma **sugestão**, ou seja, faça as devidas adaptações de acordo com a sua realidade.

- **Aluguel**
- **Condomínio**
- **IPTU**
- **IPVA**
- **Outros impostos**
- **Financiamento de imóvel**
- **Financiamento de automóvel**
- **Alimentação** (Gastos com feira, restaurantes, lanches, etc.)
- **Água**
- **Energia elétrica**
- **Telefone/ Internet/ Celular**
- **Gás de cozinha**
- **Seguros**
- **Plano de saúde**
- **Educação** (Escola, faculdade, cursos, etc.)
- **Transporte** (Passagens de ônibus/metrô, gasolina)
- **Estacionamento**
- **Roupas / Calçados**
- **Remédios**
- **Fraldas**
- **Mobília** (Itens de maior valor que você não troca com frequência, ex: sofá, geladeira, computador, cama, celular, etc.)

- **Manutenção e reparos** (Itens diversos de menor valor que ajudam a manter sua casa funcionando, ex: torneiras, pilhas, varal, pratos, copos, cortinas, travesseiros, etc.)
- **Academia**
- **Cuidados pessoais** (Cabeleireiro, Massagens, etc.)
- **Livros**
- **Assinaturas de jornais, revistas ou conteúdo digital** (Netflix, Amazon, etc.)
- **Passeios**
- **Viagens**
- **Presentes**
- **Lazer** (Outros gastos relativos a lazer que não se enquadrarem nas categorias anteriores)
- **Outros** (Gastos diversos eventuais que não se enquadrarem em nenhuma das categorias acima)
- **Reserva de contingência** (Reserva de dinheiro para cobrir eventuais gastos não previstos)

5 – ASSUMINDO O CONTROLE

É hora de por em prática o que vimos até agora. Nesta seção, veremos como a compreensão dos conceitos de **Saldo de caixa** e **Alocação de recursos** será de grande ajuda para a sua saúde financeira. Também apresentaremos um **Modelo de controle financeiro** que você poderá utilizar para gerenciar suas finanças.

Tudo isso, com **exemplos práticos** de como registrar as **entradas** e **saídas** de dinheiro que podem ocorrer no seu dia a dia.

Saldo de caixa

Vamos entender agora o conceito de saldo de caixa. Pelo nome, pode parecer algo muito técnico e complicado, mas não se preocupe. Nosso objetivo é tratar desse assunto da maneira mais simples possível, ok? Então, vamos lá.

Saldo de caixa é, simplesmente, todo o dinheiro que você tem disponível nesse momento. E como é que você sabe quanto dinheiro você tem?

Primeiramente, vamos estabelecer o que consideraremos como "dinheiro". Dinheiro não é necessariamente seu patrimônio completo. Dinheiro é o *valor que você tem disponível de uma maneira fácil para gastar no momento.*

Logo, o que compõe seu saldo de caixa é a soma dos seguintes itens:

- O dinheiro que você tem na **carteira**.
- O dinheiro que você guarda em **casa**.
- O seu saldo em todos os bancos que você tiver **conta corrente**.
- O que você tiver aplicado na **poupança**.

Só isso.

E se você tiver um valor aplicado num CDB, num tesouro direto, ou num fundo de investimento? Deixe isso quieto por enquanto. O que você precisa conhecer é o valor que você pode usar sem **nenhum impedimento**. Afinal, quando você precisa retirar dinheiro de um fundo de investimento antes do tempo, precisa pagar pelo imposto de renda, por exemplo. E isso é um tipo de impedimento. Não estamos falando agora sobre tudo o que compõe seu patrimônio. Porque se fosse esse o caso, você teria que pensar em tudo o que você tem e que pode virar dinheiro no futuro, tal como algum outro bem que você possui (carro, apartamento, etc). Resumindo, você precisa saber agora quanto você tem em Saldo de caixa e não quanto possui no seu patrimônio completo, ok?

Vamos imaginar que uma pessoa tem:

- R$ 50,00 na carteira.
- R$ 250,00 guardados em casa.
- R$ 1.000,00 no Banco A, numa conta corrente.
- R$ 700,00 no Banco B, numa conta poupança.

Nesse caso, seu **saldo de caixa** é de R$ 2.000,00.

Esse conceito é bem simples, não é? Parece bobagem, mas é importante você o compreenda, pois tem muita gente por aí achando que o limite disponível para compras no cartão de crédito faz parte do seu saldo de caixa. Ou que o salário que ainda vai receber no início do mês seguinte compõe seu saldo de caixa atual.

Limite disponível no cartão de crédito é só um valor que você pode pegar emprestado para pagar por algo que você quer comprar agora. Mas *esse dinheiro não é seu*. Ao utilizar o cartão de crédito você contrai uma dívida, lembra? Por isso, repetindo: o seu saldo de caixa é o que você tem agora, nesse momento disponível para você gastar.

Alocação de recursos

Alocação de recursos é outro termo que ajudará muito nas suas finanças quando você passar a aplicá-lo. Acabamos de falar sobre o **saldo de caixa**. Imagine que você, no início do mês, tem um saldo de caixa de R$ 5.000,00. O que você acha? Isso é muito ou pouco dinheiro? Acho que você pode estar pensando: *"Depende... Qual é o valor dos meus gastos?"*. E você está certo. Mas não é só isso.

Para avaliar se esse saldo de caixa é muito ou pouco, você precisará analisar alguns detalhes.

Qual o valor da sua renda mensal?

Sim, pois uma coisa é você ter uma renda de R$ 1.000,00 por mês e ter juntado dinheiro durante alguns meses ou anos até atingir esses R$ 5.000,00 de saldo de caixa. Outra coisa é você ter uma renda de R$ 100.000,00 por mês e contar com "apenas" R$ 5.000,00 de saldo de caixa.

Além disso, você precisa avaliar **quais são os seus gastos.**

Se você tem um saldo de caixa de R$ 5.000,00, mas suas despesas mensais não passam de R$ 1.000,00, então você parece ter uma situação financeira até confortável. Mas se você tem despesas mensais no valor de R$ 10.000,00, então esse seu saldo de caixa precisa melhorar.

E o que isso tudo tem a ver com **alocação de recursos**?

Alocação de recursos é o quanto do seu saldo de caixa você reserva para determinados itens. No exemplo dos R$ 5.000,00, alguém poderia lhe dizer que *"Nossa, você está rico hein, isso é muito dinheiro"*, mas o que essa pessoa não sabe é que desse valor, você já separou R$ 1.500,00 para pagar pela prestação do seu carro, R$ 2.000,00 para pagar pelo financiamento do seu apartamento e ainda tem mais R$ 1.000,00 reservados para pagar pelas despesas com seu plano de saúde. Ou seja, dos R$ 5.000,00, você tem apenas R$ 500,00 estão "livres para gastar".

Sendo assim, você poderia gastar esses R$ 500,00 que sobraram? Aí é que entra a magia da organização financeira. Na prática, quem decide isso é você. *É você quem define quanto você vai reservar para se manter nos próximos meses*, de forma que se sinta tranquilo.

Se uma pessoa ganha R$ 3.000,00 por mês e suas despesas mensais são de R$ 2.000,00, isso quer dizer, que todo mês deveria sobrar R$ 1.000,00 em sua conta, certo? Então, se ela passar um ano guardando esses R$ 1.000,00 que sobra todos os meses, no fim do ano, ela teria R$ 12.000,00 de saldo de caixa. Ora, sabemos sabe que ela tem gastos mensais de R$ 2.000,00, então isso quer dizer que, caso ela ficasse desempregada, ainda assim, poderia ficar 6 meses sem trabalhar e ainda assim conseguiria sobreviver (R$

12.000,00 de reserva dividido por R$ 2.000,00 = 6 meses).

O que acabamos de fazer nesse exemplo foi constituir uma **reserva de emergência.**

Você já deve ter ouvido falar nisso. Não existe um montante **ideal** que você possa guardar. O que existe é um montante que lhe deixa **confortável**. Se você tem um emprego muito estável e a economia anda bem, então você não precisa se preocupar em manter uma reserva muito alta. Mas, se você está preocupado com a economia do país e não tem muita estabilidade no seu emprego, então seria interessante guardar um valor maior para o caso das coisas não irem muito bem nos próximos meses.

Observe que quando você guarda dinheiro para sua reserva de emergência, isso é fazer **alocação de recursos**. Agora, imagine que você já tem R$ 12.000,00 na sua reserva e quer guardar dinheiro para fazer uma viagem. Então, além dos R$ 12.000,00, agora vai separar, por exemplo, uns R$ 3.000,00.

Seu **saldo de caixa** e **alocação de recursos** ficarão assim:

R$ 12.000,00 (Reserva de emergência)

+

R$ 3.000,00 (Provisão para viagem)

Total = R$ 15.000,00 .

Assim, você tem R$ 15.000,00 de **saldo de caixa** e que estão **alocados** para sua reserva de emergência (R$ 12.000,00) e para sua viagem (R$ 3.000,00).

E o interessante é que você pode utilizar alocação de recursos para o que você quiser. Seja para reservar seu dinheiro para fazer um curso, comprar um presente, utilizar para lazer. O importante é estabelecer um destino para aquele dinheiro que você tem em caixa. Caso você não tenha nenhum objetivo em mente no momento, então acrescente-o na sua reserva de emergência.

O que você não deve fazer é perceber que tem um dinheirinho sobrando e correr para gastá-lo só porque sentiu uma coceirinha na mão. Por isso, a alocação de recursos é tão importante. Para você perceber que, *na prática, dinheiro nunca sobra*, ele é só um medidor de quanto tempo você sobreviveria com aquele padrão de vida, se você fosse privado da sua renda normal.

A seguir, veremos um **modelo de controle financeiro** que você poderá utilizar para organizar suas finanças.

Modelo de Controle Financeiro

Agora que vimos os conceitos de **Saldo de caixa** e **Alocação de recursos**, faremos alguns exercícios práticos. Para isso, você pode baixar uma planilha que será utilizada como **exemplo** e outra com todos os valores em **branco**, para que você possa preenchê-la da forma que desejar. Basta acessar os links disponibilizados abaixo e selecionar a opção de **download** para baixar os arquivos para o seu computador:

1) **Modelo de Controle Financeiro - exemplo** (*disponível em* https://bit.ly/3P1KLnY)

2) **Modelo de Controle Financeiro - em branco** *(disponível em* https://bit.ly/3LUGYqJ)

Após ter baixados os arquivos, abra o **Modelo de Controle Financeiro - exemplo**. Você poderá ver o passo a passo aqui e replicar na planilha para treinar. Observe que a planilha possui três abas:

- Orçamento
- Realizado
- Saldo de caixa e Alocação

Dê uma olhada na aba **Orçamento** e tente se familiarizar com ela. É aqui que faremos a estimativa da **renda** que teremos durante o ano e dos **gastos** que poderão ocorrer. Orçamento é dividida em duas partes: ENTRADAS e SAÍDAS.

Em ENTRADAS, podemos colocar toda nossa renda divida por tipos. Você pode ter o Salário de Fulano, de Ciclano e até outras rendas, como trabalho autônomo.

ENTRADAS	Jan
Salário de Fulano	2.000,00
Salário de Ciclano	1.000,00
Salário de Beltrano	
Outras Rendas	**3.000,00**
Saldo inicial	1.000,00
Trabalho autônomo (freelancer)	
Renda de aluguéis	
Venda de produtos	
Ajuda de parentes	
Outros	
TOTAL DE ENTRADAS	**4.000,00**

Na parte de SAÍDAS, temos os gastos elencados por prioridade. Como este documento é um exemplo, temos aqui os tipos de gastos mais comuns, mas na planilha em branco, você preencherá com os seus tipos de gastos (inclusive poderá alterar o nome dos itens).

SAÍDAS	Jan
Poupança	100,00
Aluguel	500,00
Condomínio	200,00
IPTU	720,00
Água	90,00
Energia elétrica	100,00
Gás de cozinha	50,00
Telefone	40,00
Internet	100,00
Plano de saúde	300,00
Educação	500,00
Alimentação	500,00
Manutenção	50,00
Mobília	80,00
Roupas	50,00
Remédios	50,00
Presentes	30,00
Lazer	100,00
Outros	50,00
Reserva de contingência	50,00
TOTAL DE SAÍDAS	**3.660,00**

Abaixo de SAÍDAS, você tem o **Saldo Mensal**, que é a diferença entre o que entra e o que sai naquele mês. Por exemplo, espera-se que em Janeiro, o total de Entradas seja de R$ 4.000,00 e o total de Saídas seja de R$ 3.660,00, resultando em um saldo mensal de R$ 340,00 (R$ 4.000,00 – R$ 3.660,00).

TOTAL DE ENTRADAS	4.000,00
TOTAL DE SAÍDAS	3.660,00

Saldo Mensal	340,00

Em **Saldo Acumulado**, você tem a soma do mês atual mais os meses anteriores, por exemplo: em fevereiro, a expectativa é que o Saldo Mensal seja de R$ 60,00 (R$ 3.000,00 – R$ 2.940,00), mas somando com o Saldo Mensal que sobrará do mês de janeiro (R$ 340,00), teremos um Saldo Acumulado de R$ 400,00 (R$ 340,00 + R$ 60,00).

	Jan	Fev
Saldo Mensal	340,00	60,00
Saldo Acumulado	340,00	400,00

No fim do ano, vemos que o Total de Entradas do exemplo será de R$ 37.000,00 e o Total de Saídas será de R$ 36.000,00. Logo, o **Saldo Final** será de R$ 1.000,00.

TOTAL DE ENTRADAS	37.000,00
TOTAL DE SAÍDAS	36.000,00
Saldo Acumulado	**1.000,00**

A aba **Realizado** é igual à aba **Orçamento**. A diferença é que você fará seu planejamento em Orçamento e depois colocará em Realizado tudo o que realmente aconteceu. Dessa forma, *você terá como comparar planejado x realizado.*

ENTRADAS	Jan	Fev	...	Dez	TOTAL
Salário de Fulano	2.000,00	2.000,00	...	2.000,00	24.000,00
Salário de Ciclano	1.000,00	1.000,00	...	1.000,00	12.000,00
Salário de Beltrano					0,00
Outras Rendas	**3.000,00**	**3.000,00**	**...**	**3.000,00**	**36.000,00**
Saldo inicial	1.000,00				1.000,00
Trabalho autônomo (freelancer)					0,00
Renda de aluguéis					0,00
Venda de produtos					0,00
Ajuda de parentes					0,00
Outros					0,00
TOTAL DE ENTRADAS	**4.000,00**	**3.000,00**	**...**	**3.000,00**	**37.000,00**

SAÍDAS	Jan	Fev	...	Dez	TOTAL
Poupança	100,00	100,00	...	100,00	1.200,00
Aluguel	500,00	500,00	...	500,00	6.000,00
Condomínio	200,00	200,00	...	200,00	2.400,00
IPTU	720,00	0,00	...	0,00	720,00
Água	90,00	90,00	...	90,00	1.080,00
Energia elétrica	100,00	100,00	...	100,00	1.200,00
Gás de cozinha	50,00	50,00	...	50,00	600,00
Telefone	40,00	40,00	...	40,00	480,00
Internet	100,00	100,00	...	100,00	1.200,00
Plano de saúde	300,00	300,00	...	300,00	3.600,00
Educação	500,00	500,00	...	500,00	6.000,00
Alimentação	500,00	500,00	...	500,00	6.000,00
Manutenção	50,00	50,00	...	50,00	600,00
Mobília	80,00	80,00	...	80,00	960,00
Roupas	50,00	50,00	...	50,00	600,00
Remédios	50,00	50,00	...	50,00	600,00
Presentes	30,00	30,00	...	30,00	360,00
Lazer	100,00	100,00	...	100,00	1.200,00
Outros	50,00	50,00	...	50,00	600,00
Reserva de contingência	50,00	50,00	...	50,00	600,00
TOTAL DE SAÍDAS	**3.660,00**	**2.940,00**	**...**	**2.940,00**	**36.000,00**

Saldo Mensal	340,00	60,00	...	60,00	
Saldo Acumulado	340,00	400,00	...	1.000,00	**1.000,00**

Na aba **Saldo de caixa e Alocação**, você incluirá o valor que tem **disponível no momento** em que começar a preencher sua planilha. No exemplo, estamos no início do ano de 20X1 e temos duas divisões importantes: Saldo de Caixa e Alocação de recursos.

Em Saldo de Caixa, você preenche com o quanto você tem no Banco A, Banco B, Banco C, o quanto de dinheiro tem na sua Carteira e o quanto tem guardado em casa. Assim, a planilha calculará o valor que você tem de **Saldo de Caixa**.

Agora que você entendeu um pouco do funcionamento da planilha, vamos preenchê-la com alguns exemplos. Começamos colocando o que temos de **dinheiro disponível** em **Saldo de caixa e Alocação**. Temos R$ 500,00 no Banco A, R$ 1.400,00 no Banco B, R$ 2.500,00 no Banco C, R$ 100,00 na Carteira e R$ 500,00 em casa, totalizando R$ 5.000,00 de Saldo de Caixa.

Saldo de Caixa e Alocação de Recursos

		01/01/20x1
Banco A	R$	500,00
Banco B	R$	1.400,00
Banco C	R$	2.500,00
Carteira	R$	100,00
Casa	R$	500,00
Saldo de Caixa	**R$**	**5.000,00**

Desses R$ 5.000,00, decidimos que vamos separar R$ 1.000,00 para **Despesas da casa**, R$ 500,00 para **Poupança** e R$ 500,00 como provisão para pagar o **Cartão de crédito**. Logo, teremos R$ 2.000,00 alocados nesses itens e ficaremos com R$ 3.000,00 de Valor sem alocação, ou seja, é um valor que ainda está "livre", ou melhor, "sem destino certo ainda".

Alocação recursos	Despesas da casa	R$	1.000,00
	Poupança	R$	500,00
	Cartão de crédito	R$	500,00
	-	R$	-
	-	R$	-
	-	R$	-
	Valor sem alocação	**R$**	**3.000,00**

Isso quer dizer que você pode gastar esses R$ 3.000,00 sem problemas? Não se precipite. Vamos dar uma olhada na aba **Realizado** para ver se algo que fizemos aqui teve influência lá.

Lembra que alocamos R$ 1.000,00 para **Despesas da casa**? Esse dinheiro será o **Saldo inicial** da nossa planilha aqui (em destaque).

ENTRADAS	Jan	...	TOTAL
Salário de Fulano	2.000,00	...	24.000,00
Salário de Ciclano	1.000,00	...	12.000,00
Salário de Beltrano			0,00
Outras Rendas	3.000,00	...	36.000,00
Saldo inicial	1.000,00		1.000,00
Trabalho autônomo (freelancer)			0,00
Renda de aluguéis			0,00
Venda de produtos			0,00
Ajuda de parentes			0,00
Outros			0,00
TOTAL DE ENTRADAS	4.000,00	...	37.000,00

SAÍDAS	Jan	...	TOTAL
Poupança	100,00	...	1.200,00
Aluguel	500,00	...	6.000,00
Condomínio	200,00	...	2.400,00
IPTU	720,00	...	720,00
Água	90,00	...	1.080,00
Energia elétrica	100,00	...	1.200,00
Gás de cozinha	50,00	...	600,00
Telefone	40,00	...	480,00
Internet	100,00	...	1.200,00
Plano de saúde	300,00	...	3.600,00
Educação	500,00	...	6.000,00
Alimentação	500,00	...	6.000,00
Manutenção	50,00	...	600,00
Mobília	80,00	...	960,00
Roupas	50,00	...	600,00
Remédios	50,00	...	600,00
Presentes	30,00	...	360,00
Lazer	100,00	...	1.200,00
Outros	50,00	...	600,00
Reserva de contingência	50,00	...	600,00
TOTAL DE SAÍDAS	3.660,00	...	36.000,00

Saldo Mensal	340,00	...	
Saldo Acumulado	340,00	...	1.000,00

	01/jan
Saldo atual	1.000,00

Observe que o valor está de cor preta, em vez de cinza. Isso é para deixar mais fácil a visualização, para que você saiba que entradas e saídas já ocorreram e quais ainda permanecem como valores planejados. Outra coisa, veja que lá embaixo tem um campo chamado **Saldo atual**. Ele corresponde ao item **Despesas da casa** da aba **Saldo de caixa e Alocação de recursos**, ou seja, sempre apresentarão o mesmo valor.

O **Saldo atual** é diferente do **Saldo mensal**? Sim. Porque a planilha faz seus cálculos incluindo tudo o que já aconteceu (e que será registrado na cor preta) e tudo o que ainda irá acontecer (que ficará em cinza). Dessa forma, você tem uma estimativa de como se encerrará o ano (**Saldo final**). Vamos ver outros exemplos que facilitarão o seu entendimento.

No dia 05 de janeiro, Fulano e Ciclano receberam seus salários. Aqui estamos imaginando que duas pessoas que moram na mesma casa contribuem com esses valores para as **Despesas futuras da casa**, ok?

Como assim? Entendi nada.

Estamos dizendo que **Fulano** (que pode ser você), contribuiu com R$ 2.000,00, mas que não necessariamente o salário dele é esse. Essa pessoa pode ter um salário de R$ 4.000,00 e entregar R$ 2.000,00 para ajudar com as despesas da casa. **Ciclano**, por sua vez, contribuiu com R$ 1.000,00.

O **Saldo atual** agora é de **R$ 4.000,00**, pois antes tínhamos apenas R$ 1.000,00, mas acabaram de entrar mais R$ 3.000,00 não foi? (R$ 2.000,00 + R$ 1.000,00).

ENTRADAS	Jan	...	TOTAL
Salário de Fulano	2.000,00	...	24.000,00
Salário de Ciclano	1.000,00	...	12.000,00
Salário de Beltrano			0,00
Outras Rendas	**3.000,00**	**...**	**36.000,00**
Saldo inicial	1.000,00		1.000,00
Trabalho autônomo (freelancer)			0,00
Renda de aluguéis			0,00
Venda de produtos			0,00
Ajuda de parentes			0,00
Outros			0,00
TOTAL DE ENTRADAS	**4.000,00**	**...**	**37.000,00**

SAÍDAS	Jan	...	TOTAL
Poupança	100,00	...	1.200,00
Aluguel	500,00	...	6.000,00
Condomínio	200,00	...	2.400,00
IPTU	720,00	...	720,00
Água	90,00	...	1.080,00
Energia elétrica	100,00	...	1.200,00
Gás de cozinha	50,00	...	600,00
Telefone	40,00	...	480,00
Internet	100,00	...	1.200,00
Plano de saúde	300,00	...	3.600,00
Educação	500,00	...	6.000,00
Alimentação	500,00	...	6.000,00
Manutenção	50,00	...	600,00
Mobília	80,00	...	960,00
Roupas	50,00	...	600,00
Remédios	50,00	...	600,00
Presentes	30,00	...	360,00
Lazer	100,00	...	1.200,00
Outros	50,00	...	600,00
Reserva de contingência	50,00	...	600,00
TOTAL DE SAÍDAS	**3.660,00**	**...**	**36.000,00**

Saldo Mensal	340,00	...	
Saldo Acumulado	340,00	...	**1.000,00**

	05/jan	
Saldo atual	4.000,00	[+ 3.000,00]

<u>Observação</u>: Você deverá inserir manualmente o novo valor do **Saldo atual**, ok? É o único Saldo que a planilha não calcula sozinha.

Um ponto importante: Sempre que você incluir algum valor em **Realizado**, você deve mexer lá na **aba Saldo de caixa e Alocação.** Vamos ver o acontecerá por conta desses salários que entraram (R$ 2.000,00 + R$ 1.000,00).

Saldo de Caixa e Alocação de Recursos			Saldo de Caixa e Alocação de Recursos			
		01/01/20x1			05/01/20x1	
Banco A	R$	500,00	Banco A	R$	2.500,00	[+ 2.000,00]
Banco B	R$	1.400,00	Banco B	R$	2.400,00	[+ 1.000,00]
Banco C	R$	2.500,00	Banco C	R$	2.500,00	
Carteira	R$	100,00	Carteira	R$	100,00	
Casa	R$	500,00	Casa	R$	500,00	
Saldo de Caixa	**R$**	**5.000,00**	**Saldo de Caixa**	**R$**	**8.000,00**	
Despesas da casa	R$	1.000,00	Despesas da casa	R$	4.000,00	[+ 2.000,00 + 1.000,00]
Poupança	R$	500,00	Poupança	R$	500,00	
Cartão de crédito	R$	500,00	Cartão de crédito	R$	500,00	
-	R$	-	-	R$	-	
-	R$	-	-	R$	-	
-	R$	-	-	R$	-	
Valor sem alocação	R$	3.000,00	Valor sem alocação	R$	3.000,00	[permanece o mesmo]

Quantas coisas mudaram. Em **Realizado**, informamos que entraram R$ 2.000,00 e R$ 1.000,00 de salário, certo? Mas esses valores foram depositados no Banco. Então temos que registrá-los lá. Veja que no dia 01/01/x1 o Banco A tinha R$ 500,00, mas agora você precisa atualizar o valor porque ele tem + R$ 2.000,00 em conta, ou seja, agora temos R$ 2.500,00 no **Banco A** (R$ 500,00 + R $ 2.000,00). Foi lá que **Fulano** depositou o valor que corresponde à sua parte do salário que ajuda com as **Despesas da Casa**.

No **Banco B**, tínhamos R$ 1.400,00. Depois de receber o salário de **Ciclano**, agora temos R$ 2.400,00 (R$ 1.400,00 + R$

1.000,00). O Saldo de Caixa que era de R$ 5.000,00 agora passa a ser de R$ 8.000,00 (R$ 5.000,00 + R$ 3.000,00).

Opa, mais alguma coisa muda não é? Lembra que lá no **Realizado**, o Saldo atual agora é de R$ 4.000,00? Pois bem, precisamos ajustar esse valor aqui também. Só reforçando que o **Saldo atual** em **Realizado** deve ser sempre **igual** ao valor das **Despesas da casa** na aba **Saldo de caixa e Alocação**.

Mais uma coisa, você viu que lá embaixo, o **Valor sem alocação** permanece o mesmo? Isso é porque o que aconteceu foi: Entraram R$ 3.000,00 e eles foram imediatamente reservados para as **Despesas da casa**. É como se tivessem entrado e saído, pois você não pode gastar esse dinheiro, já que ele foi imediatamente alocado. Então, nada mais mudou.

Vamos acompanhar mais alguns exemplos.

No dia 06/01/20x1, você decidiu que acrescentará R$ 100,00 na sua **Poupança**, tal como havia planejado.

ENTRADAS	Jan	...	TOTAL
Salário de Fulano	2.000,00	...	24.000,00
Salário de Ciclano	1.000,00	...	12.000,00
Salário de Beltrano			0,00
Outras Rendas	**3.000,00**	**...**	**36.000,00**
Saldo inicial	1.000,00		1.000,00
Trabalho autônomo (freelancer)			0,00
Renda de aluguéis			0,00
Venda de produtos			0,00
Ajuda de parentes			0,00
Outros			0,00
TOTAL DE ENTRADAS	**4.000,00**	**...**	**37.000,00**

SAÍDAS	Jan	...	TOTAL
Poupança	100,00	...	1.200,00
Aluguel	500,00	...	6.000,00
Condomínio	200,00	...	2.400,00
IPTU	720,00	...	720,00
Água	90,00	...	1.080,00
Energia elétrica	100,00	...	1.200,00
Gás de cozinha	50,00	...	600,00
Telefone	40,00	...	480,00
Internet	100,00	...	1.200,00
Plano de saúde	300,00	...	3.600,00
Educação	500,00	...	6.000,00
Alimentação	500,00	...	6.000,00
Manutenção	50,00	...	600,00
Mobília	80,00	...	960,00
Roupas	50,00	...	600,00
Remédios	50,00	...	600,00
Presentes	30,00	...	360,00
Lazer	100,00	...	1.200,00
Outros	50,00	...	600,00
Reserva de contingência	50,00	...	600,00
TOTAL DE SAÍDAS	3.660,00	...	36.000,00

Saldo Mensal	340,00	...	
Saldo Acumulado	340,00	...	1.000,00

	06/jan	
Saldo atual	3.900,00	[- 100,00]

Observe que Poupança é uma **Saída** porque você **não vai usar** esse dinheiro com as **Despesas da casa**. Então, quando você separa esses R$ 100,00, seu Saldo atual tem que diminuir em R$ 100,00, ok? Antes, ele era de R$ 4.000,00 e agora será de R$

3.900,00. Vamos dar uma olhada na aba **Saldo de caixa e Alocação de recursos**, afinal, lembra que toda vez que a gente muda algo no **Realizado** precisamos mudar nessa aba também?

Saldo de Caixa e Alocação de Recursos			Saldo de Caixa e Alocação de Recursos			
		05/01/20x1			06/01/20x1	
Banco A	R$	2.500,00	Banco A	R$	2.500,00	
Banco B	R$	2.400,00	Banco B	R$	2.400,00	
Banco C	R$	2.500,00	Banco C	R$	2.500,00	
Carteira	R$	100,00	Carteira	R$	100,00	
Casa	R$	500,00	Casa	R$	500,00	
Saldo de Caixa	**R$**	**8.000,00**	**Saldo de Caixa**	**R$**	**8.000,00**	
Despesas da casa	R$	4.000,00	Despesas da casa	R$	3.900,00	[-100,00]
Poupança	R$	500,00	Poupança	R$	600,00	[+100,00]
Cartão de crédito	R$	500,00	Cartão de crédito	R$	500,00	
-	R$	-	-	R$	-	
-	R$	-	-	R$	-	
-	R$	-	-	R$	-	
Valor sem alocação	**R$**	**3.000,00**	**Valor sem alocação**	**R$**	**3.000,00**	[permanece o mesmo]

Olha lá, agora, as **Despesas da casa** devem ser de R$ 3.900,00 e a **Poupança**, que antes tinha R$ 500,00, agora tem R$ 600,00 (R$ 500,00 + R$ 100,00). Imagino que agora as coisas estejam ficando mais claras, certo?

No dia 07/01/20x1, chegou a conta de **Água** e o valor foi menor do que você havia planejado. Não veio R$ 90,00, mas R$ 85,00. E agora? Basta colocar o valor real, R$ 85,00.

E novamente atualizaremos o **Saldo atual** que antes era R$ 3.900,00 e agora é R$ 3.815,00 (R$ 3.900,00 – R$ 85,00).

ENTRADAS	Jan	...	TOTAL
Salário de Fulano	2.000,00	...	24.000,00
Salário de Ciclano	1.000,00	...	12.000,00
Salário de Beltrano			0,00
Outras Rendas	**3.000,00**	**...**	**36.000,00**
Saldo inicial	1.000,00		1.000,00
Trabalho autônomo (freelancer)			0,00
Renda de aluguéis			0,00
Venda de produtos			0,00
Ajuda de parentes			0,00
Outros			0,00
TOTAL DE ENTRADAS	**4.000,00**	**...**	**37.000,00**

SAÍDAS	Jan	...	TOTAL
Poupança	100,00	...	1.200,00
Aluguel	500,00	...	6.000,00
Condomínio	200,00	...	2.400,00
IPTU	720,00	...	720,00
Água	85,00	...	1.075,00
Energia elétrica	100,00	...	1.200,00
Gás de cozinha	50,00	...	600,00
Telefone	40,00	...	480,00
Internet	100,00	...	1.200,00
Plano de saúde	300,00	...	3.600,00
Educação	500,00	...	6.000,00
Alimentação	500,00	...	6.000,00
Manutenção	50,00	...	600,00
Mobília	80,00	...	960,00
Roupas	50,00	...	600,00
Remédios	50,00	...	600,00
Presentes	30,00	...	360,00
Lazer	100,00	...	1.200,00
Outros	50,00	...	600,00
Reserva de contingência	50,00	...	600,00
TOTAL DE SAÍDAS	**3.655,00**	**...**	**35.995,00**

Saldo Mensal	345,00	...	
Saldo Acumulado	345,00	...	**1.005,00**

	07/jan		
Saldo atual	3.815,00	[- 85,00]	

Observe também que o **Saldo final** do ano mudou. Agora, você estima que terminará o ano com R$ 1.005,00 de saldo final, em vez de R$ 1.000,00, por conta dessa economia de R$ 5,00 na conta de água. Legal, não é?

E a aba **Saldo de caixa e Alocação** como fica?

O dinheiro da conta de água saiu de algum lugar. Nesse caso, saiu do **Banco A**. Antes, tínhamos R$ 2.500,00 nele, mas depois de pagar a conta ficamos com R$ 2.415,00 (R$ 2.500,00 – R$ 85,00). Já as **Despesas da casa** também mudaram, estão iguais ao **Saldo atual** da aba **Realizado**: R$ 3.815,00.

Saldo de Caixa e Alocação de Recursos			Saldo de Caixa e Alocação de Recursos			
		06/01/20x1			07/01/20x1	
Banco A	R$	2.500,00	Banco A	R$	2.415,00	[-85,00]
Banco B	R$	2.400,00	Banco B	R$	2.400,00	
Banco C	R$	2.500,00	Banco C	R$	2.500,00	
Carteira	R$	100,00	Carteira	R$	100,00	
Casa	R$	500,00	Casa	R$	500,00	
Saldo de Caixa	**R$**	**8.000,00**	**Saldo de Caixa**	**R$**	**7.915,00**	
Despesas da casa	R$	3.900,00	Despesas da casa	R$	3.815,00	[-85,00]
Poupança	R$	600,00	Poupança	R$	600,00	
Cartão de crédito	R$	500,00	Cartão de crédito	R$	500,00	
-	R$	-	-	R$	-	
-	R$	-	-	R$	-	
-	R$	-	-	R$	-	
Valor sem alocação	**R$**	**3.000,00**	**Valor sem alocação**	**R$**	**3.000,00**	[permanece o mesmo]

(Coluna lateral esquerda em cada bloco: *Alocação recursos*)

O dinheiro saiu efetivamente do **Banco A**, mas em termos de **alocação**, saiu da verba de **Despesas da casa**. Você pode imaginar a Alocação de recursos como uma série de caixinhas onde você guarda o seu dinheiro. No exemplo, temos atualmente R$ 7.915,00 de **Saldo de caixa** que estão distribuídos em **Despesas**

da casa, **Poupança** e **Cartão de crédito**. Além disso, uma parte não está alocada em lugar algum, ou seja, não está dentro de uma caixinha própria. Sendo assim, o Saldo de Caixa é sempre igual à soma do que está dentro das caixinhas e do que está sem uma caixinha própria (sem alocação).

Saldo de caixa =	Despesas da casa	+ Poupança	+ Cartão de crédito	+ Valor sem alocação
7.915,00	3.815,00	600,00	500,00	3.000,00

No dia 08/01/20x1, chegou a fatura do **Cartão de crédito** no valor de R$ 500,00. Ufa, ainda bem que já tínhamos alocado uma provisão para pagar por essa conta, não é? Os R$ 500,00 sairão do **Banco C** ao mesmo tempo em que **zeramos** o valor da provisão. Veja como fica:

Saldo de Caixa e Alocação de Recursos			Saldo de Caixa e Alocação de Recursos			
		07/01/20x1			08/01/20x1	
Banco A	R$	2.415,00	Banco A	R$	2.415,00	
Banco B	R$	2.400,00	Banco B	R$	2.400,00	
Banco C	R$	2.500,00	Banco C	R$	2.000,00	[-500,00]
Carteira	R$	100,00	Carteira	R$	100,00	
Casa	R$	500,00	Casa	R$	500,00	
Saldo de Caixa	**R$**	**7.915,00**	**Saldo de Caixa**	**R$**	**7.415,00**	
Despesas da casa	R$	3.815,00	Despesas da casa	R$	3.815,00	
Poupança	R$	600,00	Poupança	R$	600,00	
Cartão de crédito	R$	500,00	Cartão de crédito	R$	-	[-500,00]
-	R$	-	-	R$	-	
-	R$	-	-	R$	-	
-	R$	-	-	R$	-	
Valor sem alocação	R$	3.000,00	Valor sem alocação	R$	3.000,00	[permanece o mesmo]

Como o valor já estava provisionado na aba de **Saldo de caixa e Alocação**, não precisaremos mexer na aba **Realizado**, ok?

No dia 09/01/20 você precisou gastar R$ 50,00 em **Remédios**. No entanto, você preferiu pagar pelo gasto utilizando o **Cartão de crédito**. Como vamos contabilizar isso? Simples. Na aba

Realizado informaremos o gasto de R$ 50,00.

ENTRADAS	Jan	...	TOTAL
Salário de Fulano	2.000,00	...	24.000,00
Salário de Ciclano	1.000,00	...	12.000,00
Salário de Beltrano			0,00
Outras Rendas	**3.000,00**	...	**36.000,00**
Saldo inicial	1.000,00		1.000,00
Trabalho autônomo (freelancer)			0,00
Renda de aluguéis			0,00
Venda de produtos			0,00
Ajuda de parentes			0,00
Outros			0,00
TOTAL DE ENTRADAS	**4.000,00**	...	**37.000,00**

SAÍDAS	Jan	...	TOTAL
Poupança	100,00	...	1.200,00
Aluguel	500,00	...	6.000,00
Condomínio	200,00	...	2.400,00
IPTU	720,00	...	720,00
Água	85,00	...	1.075,00
Energia elétrica	100,00	...	1.200,00
Gás de cozinha	50,00		600,00
Telefone	40,00		480,00
Internet	100,00	...	1.200,00
Plano de saúde	300,00	...	3.600,00
Educação	500,00	...	6.000,00
Alimentação	500,00	...	6.000,00
Manutenção	50,00		600,00
Mobília	80,00	...	960,00
Roupas	50,00	...	600,00
Remédios	50,00	...	600,00
Presentes	30,00	...	360,00
Lazer	100,00	...	1.200,00
Outros	50,00	...	600,00
Reserva de contingência	50,00	...	600,00
TOTAL DE SAÍDAS	**3.655,00**	...	**35.995,00**

Saldo Mensal	345,00	...	
Saldo Acumulado	345,00	...	1.005,00

	09/jan		
Saldo atual	3.765,00	[- 50,00]	

O **Saldo atual** deverá atualizado para R$ 3.765,00 (R$ 3.815,00 – R$ 50,00) e seguiremos para a aba **Saldo de caixa e Alocação**.

Saldo de Caixa e Alocação de Recursos			Saldo de Caixa e Alocação de Recursos			
		08/01/20x1			09/01/20x1	
Banco A	R$	2.415,00	Banco A	R$	2.415,00	
Banco B	R$	2.400,00	Banco B	R$	2.400,00	
Banco C	R$	2.000,00	Banco C	R$	2.000,00	
Carteira	R$	100,00	Carteira	R$	100,00	
Casa	R$	500,00	Casa	R$	500,00	
Saldo de Caixa	**R$**	**7.415,00**	**Saldo de Caixa**	**R$**	**7.415,00**	
Despesas da casa	R$	3.815,00	Despesas da casa	R$	3.765,00	[-50,00]
Poupança	R$	600,00	Poupança	R$	600,00	
Cartão de crédito	R$	-	Cartão de crédito	R$	50,00	[+50,00]
-	R$	-	-	R$	-	
-	R$	-	-	R$	-	
-	R$	-	-	R$	-	
Valor sem alocação	**R$**	**3.000,00**	**Valor sem alocação**	**R$**	**3.000,00**	[permanece o mesmo]

Veja que seus saldos nos bancos vão continuar os mesmos. Você apenas registrou o gasto e criou uma provisão para pagá-lo depois. Ou seja, você tirou dinheiro das **Despesas da casa** (R$ - 50,00) e acrescentou na provisão para pagar o **Cartão de crédito** (+ R$ 50,00). Quando você for pagar o cartão de crédito, aí sim o dinheiro sairá de algum dos itens do **Saldo de Caixa** (bancos, carteira ou dinheiro que você guarda em casa).

No dia 10/01/20 você descobriu que precisaria fazer uma viagem de emergência no dia seguinte e para isso, resolveu alocar R$ 1.000,00 para cobrir esses gastos. Veja que esse dinheiro não estava previsto nas **Despesas da casa**, nem em qualquer outro lugar. Logo, você terá que tirar os R$ 1.000,00 daqueles R$ 3.000,00 que estavam **sem alocação**. É por isso que é preciso ter cautela antes de dar destino ao **Valor sem alocação**, pois você pode precisar utilizá-lo para alguma emergência.

Saldo de Caixa e Alocação de Recursos			Saldo de Caixa e Alocação de Recursos			
		09/01/20x1			10/01/20x1	
Banco A	R$	2.415,00	Banco A	R$	2.415,00	
Banco B	R$	2.400,00	Banco B	R$	2.400,00	
Banco C	R$	2.000,00	Banco C	R$	2.000,00	
Carteira	R$	100,00	Carteira	R$	100,00	
Casa	R$	500,00	Casa	R$	500,00	
Saldo de Caixa	**R$**	**7.415,00**	**Saldo de Caixa**	**R$**	**7.415,00**	
Despesas da casa	R$	3.765,00	Despesas da casa	R$	3.765,00	
Poupança	R$	600,00	Poupança	R$	600,00	
Cartão de crédito	R$	50,00	Cartão de crédito	R$	50,00	
-	R$	-	Viagem no dia 11/01	R$	1.000,00	[+1.000,00]
-	R$	-	-	R$	-	
-	R$	-	-	R$	-	
Valor sem alocação	**R$**	**3.000,00**	**Valor sem alocação**	**R$**	**2.000,00**	[-1.000,00]

Assim, agora temos R$ 1.000,00 como provisão para a Viagem do dia 11/01/20x1 e o **Valor sem alocação** foi reduzido para R$ 2.000,00 (R$ 3.000,00 – R$ 1.000,00).

No dia 11/01/20x1, você efetivamente gastou os R$ 1.000,00 reservados para a viagem. Agora você vai zerar esse valor da alocação e reduzirá em R$ 1.000,00 de onde você gastou esse dinheiro, que nesse caso, foi do **Banco C**. Ou seja, é a mesma operação que fizemos quando pagamos a fatura do **Cartão de crédito**.

Saldo de Caixa e Alocação de Recursos			Saldo de Caixa e Alocação de Recursos			
		10/01/20x1			11/01/20x1	
Banco A	R$	2.415,00	Banco A	R$	2.415,00	
Banco B	R$	2.400,00	Banco B	R$	2.400,00	
Banco C	R$	2.000,00	Banco C	R$	1.000,00	[-1.000,00]
Carteira	R$	100,00	Carteira	R$	100,00	
Casa	R$	500,00	Casa	R$	500,00	
Saldo de Caixa	**R$**	**7.415,00**	**Saldo de Caixa**	**R$**	**6.415,00**	
Despesas da casa	R$	3.765,00	Despesas da casa	R$	3.765,00	
Poupança	R$	600,00	Poupança	R$	600,00	
Cartão de crédito	R$	50,00	Cartão de crédito	R$	50,00	
Viagem no dia 11/01	R$	1.000,00	Viagem no dia 11/01	R$	-	[-1.000,00]
-	R$	-	-	R$	-	
-	R$	-	-	R$	-	
Valor sem alocação	**R$**	**2.000,00**	**Valor sem alocação**	**R$**	**2.000,00**	[permanece o mesmo]

(A coluna esquerda e direita são marcadas lateralmente com "Alocação recursos")

E assim, você vai sucessivamente registrando todas as Entradas e Saídas do mês até que finalmente chega no dia 31/01/20x1 e percebe que, apesar de ter planejado um valor de R$ 50,00 para a sua **Reserva de contingência**, você não teve nenhum gasto extra que justificasse a utilização desse recurso. Ou seja, você tem um **Saldo atual** de R$ 395,00, que é R$ 50,00 acima do que você planejou, por conta dessa reserva que não foi utilizada.

ENTRADAS	Jan	...	TOTAL
Salário de Fulano	2.000,00	...	24.000,00
Salário de Ciclano	1.000,00	...	12.000,00
Salário de Beltrano			0,00
Outras Rendas	**3.000,00**	...	**36.000,00**
Saldo inicial	1.000,00		1.000,00
Trabalho autônomo (freelancer)			0,00
Renda de aluguéis			0,00
Venda de produtos			0,00
Ajuda de parentes			0,00
Outros			0,00
TOTAL DE ENTRADAS	**4.000,00**	...	**37.000,00**

SAÍDAS	Jan	...	TOTAL
Poupança	100,00	...	1.200,00
Aluguel	500,00	...	6.000,00
Condomínio	200,00	...	2.400,00
IPTU	720,00	...	720,00
Água	85,00	...	1.075,00
Energia elétrica	100,00	...	1.200,00
Gás de cozinha	50,00	...	600,00
Telefone	40,00	...	480,00
Internet	100,00	...	1.200,00
Plano de saúde	300,00	...	3.600,00
Educação	500,00	...	6.000,00
Alimentação	500,00	...	6.000,00
Manutenção	50,00	...	600,00
Mobília	80,00	...	960,00
Roupas	50,00	...	600,00
Remédios	50,00	...	600,00
Presentes	30,00	...	360,00
Lazer	100,00	...	1.200,00
Outros	50,00	...	600,00
Reserva de contingência	50,00	...	600,00
TOTAL DE SAÍDAS	**3.655,00**	...	**35.995,00**

Saldo Mensal	345,00	...	
Saldo Acumulado	345,00	...	**1.005,00**

	31/jan
Saldo atual	395,00

E agora? Já que esse dinheiro sobrou, você deverá gastá-lo? Nada disso. É aqui que começa a diversão. Em vez de gastar o dinheiro agora, você deve **zerar** esse valor em **janeiro** e **adicioná-lo** ao mês de **dezembro**.

ENTRADAS	Jan	...	Dez	TOTAL
Salário de Fulano	2.000,00	...	2.000,00	24.000,00
Salário de Ciclano	1.000,00	...	1.000,00	12.000,00
Salário de Beltrano				0,00
Outras Rendas	**3.000,00**	**...**	**3.000,00**	**36.000,00**
Saldo inicial	1.000,00			1.000,00
Trabalho autônomo (freelancer)				0,00
Renda de aluguéis				0,00
Venda de produtos				0,00
Ajuda de parentes				0,00
Outros				0,00
TOTAL DE ENTRADAS	**4.000,00**	**...**	**3.000,00**	**37.000,00**

SAÍDAS	Jan	...	Dez	TOTAL
Poupança	100,00	...	100,00	1.200,00
Aluguel	500,00	...	500,00	6.000,00
Condomínio	200,00	...	200,00	2.400,00
IPTU	720,00	...	0,00	720,00
Água	85,00	...	90,00	1.075,00
Energia elétrica	100,00	...	100,00	1.200,00
Gás de cozinha	50,00	...	50,00	600,00
Telefone	40,00	...	40,00	480,00
Internet	100,00	...	100,00	1.200,00
Plano de saúde	300,00	...	300,00	3.600,00
Educação	500,00	...	500,00	6.000,00
Alimentação	500,00	...	500,00	6.000,00
Manutenção	50,00	...	50,00	600,00
Mobília	80,00	...	80,00	960,00
Roupas	50,00	...	50,00	600,00
Remédios	50,00	...	50,00	600,00
Presentes	30,00	...	30,00	360,00
Lazer	100,00	...	100,00	1.200,00
Outros	50,00	...	50,00	600,00
Reserva de contingência	0,00	...	100,00	600,00
TOTAL DE SAÍDAS	**3.605,00**	**...**	**2.990,00**	**35.995,00**

Saldo Mensal	395,00	...	10,00	
Saldo Acumulado	395,00	...	1.000,00	**1.005,00**

		31/jan
Saldo atual		395,00

Agora, você tem uma **Reserva de contingência** de R$ 100,00 em dezembro. Imagine se você também conseguir fazer essa economia nos próximos meses? Se você não gastar nenhuma vez a sua Reserva de contingência até dezembro, terá R$ 600,00 (12 x R$ 50,00) que poderá utilizar para se dar um belo presente de natal.

Quando seu esforço é recompensado de forma objetiva, fica

muito mais fácil se manter no plano.

Claro que se você achar que o mês de dezembro está muito distante, você pode estabelecer que tudo que não gasta da reserva de contingência entre os meses de janeiro e maio, poderá ser lançado em junho. Fica ao seu critério, contanto que você faça tudo de maneira planejada e tomando cuidado para não deixar seu orçamento sem muita margem para erros. Por sinal, a **Reserva de contingência** é para isso mesmo, entende? É justamente para compensar algum gasto que tenha sido mais alto do que o esperado.

Por exemplo, se seus gastos com **Educação** tivessem sido de R$ 510,00 em vez de R$ 500,00, então você teria que tirar R$ 10,00 da sua Reserva de contingência para compensar. É assim que ela funciona.

Voltando ao dia 31/01/20x1, atualizamos o **Saldo de caixa e Alocação** com todas as demais saídas que ocorreram ao longo do mês e agora ele está assim.

Saldo de Caixa e Alocação de Recursos			Saldo de Caixa e Alocação de Recursos			
		11/01/20x1			31/01/20x1	
Banco A	R$	2.415,00	Banco A	R$	-	[-2.415,00]
Banco B	R$	2.400,00	Banco B	R$	1.445,00	[-955,00]
Banco C	R$	1.000,00	Banco C	R$	1.000,00	
Carteira	R$	100,00	Carteira	R$	100,00	
Casa	R$	500,00	Casa	R$	500,00	
Saldo de Caixa	**R$**	**6.415,00**	**Saldo de Caixa**	**R$**	**3.045,00**	
Despesas da casa	R$	3.765,00	Despesas da casa	R$	395,00	[-3.370,00]
Poupança	R$	600,00	Poupança	R$	600,00	
Cartão de crédito	R$	50,00	Cartão de crédito	R$	50,00	
Viagem no dia 11/01	R$	-	-	R$	-	
-	R$	-	-	R$	-	
-	R$	-	-	R$	-	
Valor sem alocação	**R$**	**2.000,00**	**Valor sem alocação**	**R$**	**2.000,00**	[permanece o mesmo]

Veja que se você somar todos os outros gastos que aconteceram no mês, gastamos R$ 3.370,00 com as **Despesas da casa** e consideramos que esse dinheiro saiu de dois bancos, o **Banco A** (- R$ 2.415,00) e o **Banco B** (- R$ 955,00).

No dia 31/01/20x1, o *Saldo atual é igual ao Saldo mensal* (porque não tem mais nenhum gasto em cinza, ou seja, não tem mais nada no planejado, já que está tudo realizado). Logo, você pode registrar que o Saldo atual é igual a R$ 395,00.

ENTRADAS	Jan	...	Dez	TOTAL
Salário de Fulano	2.000,00	...	2.000,00	24.000,00
Salário de Ciclano	1.000,00	...	1.000,00	12.000,00
Salário de Beltrano				0,00
Outras Rendas	**3.000,00**	**...**	**3.000,00**	**36.000,00**
Saldo inicial	1.000,00			1.000,00
Trabalho autônomo (freelancer)				0,00
Renda de aluguéis				0,00
Venda de produtos				0,00
Ajuda de parentes				0,00
Outros				0,00
TOTAL DE ENTRADAS	**4.000,00**	**...**	**3.000,00**	**37.000,00**

SAÍDAS	Jan	...	Dez	TOTAL
Poupança	100,00	...	100,00	1.200,00
Aluguel	500,00	...	500,00	6.000,00
Condomínio	200,00	...	200,00	2.400,00
IPTU	720,00	...	0,00	720,00
Água	85,00	...	90,00	1.075,00
Energia elétrica	100,00	...	100,00	1.200,00
Gás de cozinha	50,00	...	50,00	600,00
Telefone	40,00	...	40,00	480,00
Internet	100,00	...	100,00	1.200,00
Plano de saúde	300,00	...	300,00	3.600,00
Educação	500,00	...	500,00	6.000,00
Alimentação	500,00	...	500,00	6.000,00
Manutenção	50,00	...	50,00	600,00
Mobília	80,00	...	80,00	960,00
Roupas	50,00	...	50,00	600,00
Remédios	50,00	...	50,00	600,00
Presentes	30,00	...	30,00	360,00
Lazer	100,00	...	100,00	1.200,00
Outros	50,00	...	50,00	600,00
Reserva de contingência	0,00	...	100,00	600,00
TOTAL DE SAÍDAS	**3.605,00**	**...**	**2.990,00**	**35.995,00**

Saldo Mensal	395,00	...	10,00	
Saldo Acumulado	395,00	...	1.000,00	**1.005,00**

	31/jan		
Saldo atual	395,00	[-3.370,00]	

Finalmente chegamos a fevereiro e Fulano acabou de receber seu salário de R$ 2.000,00. Como você faz para saber o **Saldo atual**? Segue o passo a passo:

1º) Clique na cédula do valor do **Saldo atual** e digite =

2º) Selecione o valor do **Saldo acumulado de janeiro** e digite +

3º) Clique no valor do salário de **Fulano** de fevereiro.

Esse passo a passo supõe que talvez você não tenha experiência com Microsoft Excel.

Após executar os passos acima, a planilha deve ter somado os R$ 395,00 do saldo de janeiro + R$ 2.000,00 do salário que o **Fulano** recebeu em fevereiro e assim, temos que o **Saldo atual** do dia 01/02/20x1 que é de R$ 2.395,00.

ENTRADAS	Jan	Fev	...	Dez	TOTAL
Salário de Fulano	2.000,00	2.000,00	...	2.000,00	24.000,00
Salário de Ciclano	1.000,00	1.000,00	...	1.000,00	12.000,00
Salário de Beltrano					0,00
Outras Rendas	**3.000,00**	**3.000,00**	**...**	**3.000,00**	**36.000,00**
Saldo inicial	1.000,00				1.000,00
Trabalho autônomo (freelancer)					0,00
Renda de aluguéis					0,00
Venda de produtos					0,00
Ajuda de parentes					0,00
Outros					0,00
TOTAL DE ENTRADAS	**4.000,00**	**3.000,00**	**...**	**3.000,00**	**37.000,00**

SAÍDAS	Jan	Fev	...	Dez	TOTAL
Poupança	100,00	100,00	...	100,00	1.200,00
Aluguel	500,00	500,00	...	500,00	6.000,00
Condomínio	200,00	200,00	...	200,00	2.400,00
IPTU	720,00	0,00	...	0,00	720,00
Água	85,00	90,00	...	90,00	1.075,00
Energia elétrica	100,00	100,00	...	100,00	1.200,00
Gás de cozinha	50,00	50,00	...	50,00	600,00
Telefone	40,00	40,00	...	40,00	480,00
Internet	100,00	100,00	...	100,00	1.200,00
Plano de saúde	300,00	300,00	...	300,00	3.600,00
Educação	500,00	500,00	...	500,00	6.000,00
Alimentação	500,00	500,00	...	500,00	6.000,00
Manutenção	50,00	50,00	...	50,00	600,00
Mobília	80,00	80,00	...	80,00	960,00
Roupas	50,00	50,00	...	50,00	600,00
Remédios	50,00	50,00	...	50,00	600,00
Presentes	30,00	30,00	...	30,00	360,00
Lazer	100,00	100,00	...	100,00	1.200,00
Outros	50,00	50,00	...	50,00	600,00
Reserva de contingência	0,00	50,00	...	100,00	600,00
TOTAL DE SAÍDAS	3.605,00	2.940,00	...	2.990,00	35.995,00

Saldo Mensal	395,00	60,00	...	10,00	
Saldo Acumulado	395,00	455,00	...	1.000,00	1.005,00

	01/fev
Saldo atual	2.395,00

Uma boa prática é manter como registro os valores que você tinha na aba **Saldo de caixa e Alocação** no fim do mês. Você pode copiar tudo e colar embaixo e fazer as novas alterações do novo mês na parte que você colou. Assim, você terá como comparar como estava seu saldo de caixa e sua alocação de recursos em cada mês do ano.

Observe abaixo como fica e repare também que os R$ 2.000,00 do salário de Fulano entraram no **Banco A** e foram adicionados R$ 2.000,00 nas **Despesas da casa**, tal como registrado no **Saldo atual** na aba **Realizado**.

Saldo de Caixa e Alocação de Recursos

31/01/20x1

Banco A	R$	-
Banco B	R$	1.445,00
Banco C	R$	1.000,00
Carteira	R$	100,00
Casa	R$	500,00
Saldo de Caixa	**R$**	**3.045,00**
Despesas da casa	R$	395,00
Poupança	R$	600,00
Cartão de crédito	R$	50,00
-	R$	-
-	R$	-
-	R$	-
Valor sem alocação	**R$**	**2.000,00**

Alocação recursos

Saldo de Caixa e Alocação de Recursos

		01/02/20x1
Banco A	R$	2.000,00
Banco B	R$	1.445,00
Banco C	R$	1.000,00
Carteira	R$	100,00
Casa	R$	500,00
Saldo de Caixa	**R$**	**5.045,00**
Despesas da casa	R$	2.395,00
Poupança	R$	600,00
Cartão de crédito	R$	50,00
-	R$	-
-	R$	-
-	R$	-
Valor sem alocação	**R$**	**2.000,00**

Alocação recursos

Para finalizar, vamos para um último exemplo. Imagine que no dia 02/02/20x1, você recebeu **ajuda** de R$ 200,00 de um parente para pagar seu condomínio. Nesse caso, é preciso que você lance os R$ 200,00 como uma entrada e registre o valor da saída, conforme mostrado abaixo:

ENTRADAS	Jan	Fev	...	Dez	TOTAL
Salário de Fulano	2.000,00	2.000,00	...	2.000,00	24.000,00
Salário de Ciclano	1.000,00	1.000,00	...	1.000,00	12.000,00
Salário de Beltrano					0,00
Outras Rendas	**3.000,00**	**3.000,00**	**...**	**3.000,00**	**36.000,00**
Saldo inicial	1.000,00				1.000,00
Trabalho autônomo (freelancer)					0,00
Renda de aluguéis					0,00
Venda de produtos					0,00
Ajuda de parentes		200,00			200,00
Outros					0,00
TOTAL DE ENTRADAS	4.000,00	3.200,00	...	3.000,00	37.200,00

SAÍDAS	Jan	Fev	...	Dez	TOTAL
Poupança	100,00	100,00	...	100,00	1.200,00
Aluguel	500,00	500,00	...	500,00	6.000,00
Condomínio	200,00	200,00	...	200,00	2.400,00
IPTU	720,00	0,00	...	0,00	720,00
Água	85,00	90,00	...	90,00	1.075,00
Energia elétrica	100,00	100,00	...	100,00	1.200,00
Gás de cozinha	50,00	50,00	...	50,00	600,00
Telefone	40,00	40,00	...	40,00	480,00
Internet	100,00	100,00	...	100,00	1.200,00
Plano de saúde	300,00	300,00	...	300,00	3.600,00
Educação	500,00	500,00	...	500,00	6.000,00
Alimentação	500,00	500,00	...	500,00	6.000,00
Manutenção	50,00	50,00	...	50,00	600,00
Mobília	80,00	80,00	...	80,00	960,00
Roupas	50,00	50,00	...	50,00	600,00
Remédios	50,00	50,00	...	50,00	600,00
Presentes	30,00	30,00	...	30,00	360,00
Lazer	100,00	100,00	...	100,00	1.200,00
Outros	50,00	50,00	...	50,00	600,00
Reserva de contingência	0,00	50,00	...	100,00	600,00
TOTAL DE SAÍDAS	3.605,00	2.940,00	...	2.990,00	35.995,00

	Jan	Fev	...	Dez	TOTAL
Saldo Mensal	395,00	260,00	...	10,00	
Saldo Acumulado	395,00	655,00	...	1.000,00	1.205,00

	02/fev	
Saldo atual	2.395,00	

Esse registro é necessário para que você saiba que essas duas coisas aconteceram (a entrada e a saída do dinheiro), mesmo que o seu parente tenha pagado o boleto diretamente e você não tenha nem visto a cor do dinheiro. Esse registro é essencial, pois de outra forma, iria parecer que naquele mês, a cobrança do valor condomínio não havia ocorrido. E isso não seria certo, pois prejudicaria seu planejamento futuro, já que aquela despesa aconteceu de fato.

Como consequência da ajuda recebida, seu **Saldo atual** se manterá o mesmo e lá em **Saldo de caixa e Alocação** você poderá conferir que as **Despesas da casa** também estão iguais, justamente porque entrou um valor e saiu outro de mesmo valor.

Saldo de Caixa e Alocação de Recursos			
		02/02/20x1	
Banco A	R$	2.000,00	
Banco B	R$	1.445,00	
Banco C	R$	1.000,00	
Carteira	R$	100,00	
Casa	R$	500,00	
Saldo de Caixa	**R$**	**5.045,00**	
Despesas da casa	R$	2.395,00	[+ 200,00 e - 200,00]
Poupança	R$	600,00	
Cartão de crédito	R$	50,00	
-	R$	-	
-	R$	-	
-	R$	-	
Valor sem alocação	**R$**	**2.000,00**	[permanece o mesmo]

(coluna lateral: Alocação recursos)

No entanto, há uma diferença no **Saldo final** (em dezembro, na aba **Realizado**). Perceba na que agora seu Saldo final esperado é de R$ 1.205,00 em vez de R$ 1.005,00. Sabe por quê? Porque você recebeu os R$ 200,00 de ajuda, logo, ele conta como uma **renda extra**.

Então, imagine quantas coisas sobre sua vida financeira você começará a descobrir só por manter esses registros na sua planilha. Talvez você viva com uma renda de R$ 3.000,00 e se considere independente financeiramente porque nunca considerou aquela ajudinha por fora que recebe para pagar a gasolina do seu carro, seu plano de saúde, seus estudos, etc.

Espero que você tenha conseguido seguir os exemplos apresentados aqui e aproveite o embalo para criar seu próprio orçamento. Brinque com a planilha, simule cenários, imagine se um ou outro gasto fosse maior ou menor.

Só lembrando que esta é apenas uma forma de controle. Caso você não goste de planilhas, pode ser que se dê melhor com aplicativos para smartphone, por exemplo. O que importa é aplicar os conceitos que você aprendeu nesse livro e gradativamente você perceberá seus hábitos financeiros mudarem para melhor.

E até mesmo essa angústia que talvez passe pela sua cabeça quando você pensa em se organizar financeiramente, vá sendo substituída pelo prazer de *poder utilizar seu dinheiro de forma consciente, com muito mais tranquilidade e liberdade.*

Resumo

Nessa última seção, falamos do conceito de **Saldo de caixa** e de como ele corresponde ao dinheiro que você tem disponível agora, nesse momento. Ele pode ser exemplificado pelo dinheiro que você tem na sua **Carteira**, mais o dinheiro que você guarda na sua **Casa**, mais o saldo em todos os **Bancos** que você tiver conta e o que você tiver aplicado na sua **Poupança**.

Vimos também que **Alocação de recursos** é o quanto do seu saldo de caixa você reserva para determinados itens, tais como: provisão para pagar as despesas de casa, poupança, viagem, fatura do cartão de crédito, etc.

E por meio do **Modelo de controle financeiro** disponibilizado, vimos exemplos práticos de como registrar suas entradas e saídas de dinheiro. Lembrando sempre que tanto o Saldo de caixa quanto a Alocação de recursos, precisam ser trabalhados em conjunto.

Questionário – Assumindo o controle

Pergunta 1:

No dia 04/02/20x1, seu **Saldo de Caixa e Alocação de recursos** se apresentava tal como na imagem abaixo:

Saldo de Caixa e Alocação de Recursos

		04/02/20x1
Banco A	R$	2.000,00
Banco B	R$	1.445,00
Banco C	R$	1.000,00
Carteira	R$	100,00
Casa	R$	500,00
Saldo de Caixa	**R$**	**5.045,00**
Despesas da casa	R$	2.395,00
Poupança	R$	600,00
Cartão de crédito	R$	50,00
Valor sem alocação	**R$**	**2.000,00**

Alocação

No dia 05/02/20x1, você recebeu seu **Salário** no valor de R$ 1.000,00, que foi depositado no **Banco C**. Qual é o seu novo **Saldo de Caixa** após essa operação?

a) R$ 2.000,00

b) R$ 4.045,00

c) R$ 5.045,00

d) R$ 6.045,00

Resposta: Você tinha R$ 5.045,00 no seu Saldo de Caixa e recebeu R$ 1.000,00 no Banco C, logo R$ 6.045,00 será seu novo Saldo de Caixa. Portanto, a resposta é a **letra D**.

Saldo de Caixa e Alocação de Recursos			
		05/02/20x1	
Banco A	R$	2.000,00	
Banco B	R$	1.445,00	
Banco C	R$	2.000,00	[+1.000,00]
Carteira	R$	100,00	
Casa	R$	500,00	
Saldo de Caixa	**R$**	**6.045,00**	[+1.000,00]
Despesas da casa	R$	2.395,00	
Poupança	R$	600,00	
Cartão de crédito	R$	50,00	
Valor sem alocação	R$	3.000,00	[+1.000,00]

(Alocação)

Pergunta 2:

No dia 17/03/20x1, seu **Saldo de Caixa e Alocação de recursos** se apresentava tal como na imagem abaixo:

Saldo de Caixa e Alocação de Recursos

17/03/20x1

Banco A	R$	4.000,00
Banco B	R$	2.000,00
Banco C	R$	420,00
Carteira	R$	170,00
Casa	R$	410,00
Saldo de Caixa	**R$**	**7.000,00**
Despesas da casa	R$	2.000,00
Poupança	R$	1.000,00
Cartão de crédito	R$	500,00
Valor sem alocação	**R$**	**3.500,00**

(Alocação: Despesas da casa, Poupança, Cartão de crédito)

No dia 20/03/20x1, você foi pagar sua fatura do **Cartão de crédito**, no valor de R$ 500,00. Para isso, sacou dinheiro do **Banco C**, mas percebendo que não seria suficiente, complementou o valor com dinheiro que você possuía na sua **Carteira**.

Após esta operação, quanto você tem disponível no **Banco C** e na sua **Carteira?**

a) **Banco C:** R$ 0,00
   Carteira: R$ 0,00

b) **Banco C:** R$ 0,00
   Carteira: R$ 90,00

c) **Banco C:** R$ 420,00
   Carteira: R$ 170,00

<u>Resposta</u>: Como você precisou sacar os R$ 420,00 do Banco C, ele ficou com saldo de R$ 0,00. Como faltava R$ 80,00 para completar os R$ 500,00 da fatura, você tirou esse valor da sua Carteira, que antes contava com R$ 170,00 e agora ficou com R$ 90,00 (R$ 170,00 - R$ 80,00). Portanto, a resposta é a **letra B**.

Saldo de Caixa e Alocação de Recursos			
		20/03/20x1	
Banco A	R$	4.000,00	
Banco B	R$	2.000,00	
Banco C	R$	-	[-420,00]
Carteira	R$	90,00	[-80,00]
Casa	R$	410,00	
Saldo de Caixa	**R$**	**6.500,00**	
Despesas da casa	R$	2.000,00	
Poupança	R$	1.000,00	
Cartão de crédito	R$	-	[-500,00]
Valor sem alocação	**R$**	**3.500,00**	[permanece o mesmo]

(Alocação)

Pergunta 3:

No dia 04/05/20x1, seu **Saldo de Caixa e Alocação de recursos** se apresentava tal como na imagem abaixo:

Saldo de Caixa e Alocação de Recursos

04/05/20x1

Banco A	R$	-
Banco B	R$	1.000,00
Banco C	R$	3.000,00
Carteira	R$	300,00
Casa	R$	200,00
Saldo de Caixa	**R$**	**4.500,00**
Despesas da casa	R$	3.400,00
Poupança	R$	1.100,00
Cartão de crédito	R$	-
Valor sem alocação	**R$**	**-**

Alocação (rótulo vertical para Despesas da casa, Poupança, Cartão de crédito)

Dos **R$ 3.400,00** reservados para as **Despesas da casa**, parte desse valor (**R$ 500,00**) pertence ao item **Presentes**.

Ou seja, nesse mês, esse é o valor máximo que você pode gastar com **Presentes** e se manter dentro do orçamento.

No dia 05/05/20x1, você:

1) Recebeu **Salário** no valor de R$ 2.000,00, que foi depositado no **Banco A**;

2) Reservou R$ 300,00 em **Despesas da casa** para pagar pela conta de **Energia** que venceria no dia seguinte;

3) Decidiu reservar R$ 500,00 para uma **viagem de férias** que fará no fim do ano;

4) Comprou um **presente** no valor de R$ 200,00 dividido em duas vezes de R$ 100,00, no **Cartão de crédito**.

Após estas operações, quanto você terá, respectivamente em: **Banco A**, **Despesas da casa**, provisão para pagar **Cartão de crédito** e valor alocado para a **Viagem de férias**?

a) **Banco A:** R$ 2.000,00
   Despesas futuras da casa: R$ 3.500,00
   Cartão de crédito: R$ 200,00
   Viagem de férias: R$ 500,00

b) **Banco A:** R$ 1.900,00
   Despesas futuras da casa: R$ 3.500,00
   Cartão de crédito: R$ 100,00
   Viagem de férias: R$ 500,00

c) **Banco A:** R$ 2.000,00
   Despesas futuras da casa: R$ 3.700,00
   Cartão de crédito: R$ 200,00

Viagem de férias: R$ 500,00

Resposta: Entraram R$ 2.000,00 de **Salário**, mas você não desembolsou nada, apenas reservou o dinheiro. As **Despesas da casa** eram de R$ 3.400,00 + os R$ 300,00 reservados para pagar a energia - R$ 200,00 da compra do presente no cartão = R$ 3.500,00. Veja que você não pagou a fatura do cartão, mas era um dinheiro reservado na sua planilha, por isso, o registro do gasto é em Despesas da casa, ok?

Então, você reservou R$ 500,00 para sua viagem de férias. Portanto, a resposta é a **letra A**. O melhor é fazer esse exercício diretamente atualizando os valores da planilha porque fica mais fácil de entender.

Saldo de Caixa e Alocação de Recursos			
		05/05/20x1	
Banco A	R$	2.000,00	[+ 2.000,00]
Banco B	R$	1.000,00	
Banco C	R$	3.000,00	
Carteira	R$	300,00	
Casa	R$	200,00	
Saldo de Caixa	**R$**	**6.500,00**	
Despesas da casa	R$	3.500,00	[+ 300,00 - 200,00]
Poupança	R$	1.100,00	
Cartão de crédito	R$	200,00	[+200,00]
Viagem férias	R$	500,00	[+ 500,00]
Valor sem alocação	**R$**	**1.200,00**	

(Alocação)

É hora de assumir o controle

Muito bem, chegamos ao fim do livro. Espero que a leitura tenha sido proveitosa e que você, de fato, consiga aplicar o que aprendeu aqui.

Se você ainda não utilizou a planilha para acompanhar os exemplos, seria interessante dar uma olhada nela agora. Depois, aproveite a planilha em branco para fazer seu próprio orçamento. E não se esqueça de atualizar periodicamente todas as suas entradas e saídas, ok?

Caso você não goste de planilhas eletrônicas, você pode perfeitamente utilizar um aplicativo que melhor atenda suas necessidades ou outro tipo de ferramenta. Afinal, não importa o método que você utilize para registrar seus gastos, contanto que você pegue o dinheiro que tem disponível e comece a separá-lo em "caixinhas" (alocações de recursos).

Se você passar a utilizar o conceito de alocação de recursos, as coisas vão começar a fluir melhor na sua vida financeira. E quando suas finanças estiverem plenamente sob o seu controle, será bem mais fácil formar uma **poupança**. Isso porque você terá tudo registrado para analisar: seus ganhos, seus gastos... E essa certeza de onde está pisando lhe proporcionará maior segurança e liberdade de ação.

Algumas vezes, ao longo deste livro, comparamos **organização financeira** com o ato de **fazer dieta**, pois eles podem ser realmente bem parecidos. Se você passa um mês numa dieta sem qualquer parâmetro de comparação, sem aferir suas medidas e sem verificar seu peso, você certamente ficará desmotivado por não conseguir visualizar um resultado palpável. Mas quando você tem uma forma de comparar seu estado anterior com seu estado atual, isso, por si só, já é uma fonte de motivação. Ainda mais quando você percebe que obteve um resultado positivo. É a mesma coisa com **finanças**. Quando sentir a segurança que o controle lhe dá, você será muito mais livre, muito mais apto a criar uma poupança sem aquela frustação de simplesmente depositar dinheiro aleatoriamente e ter que sacá-lo no dia seguinte por conta de algo que você não previu.

Lembre-se de que você não sairá de um perfil Devedor para um perfil Investidor de uma hora para outra. Primeiro você vai parar de gastar mais do que ganha, depois vai poupar o que sobra e aí é que você poderá começar a pensar em investir.

Faça realmente dar certo dessa vez. E se, por acaso, você sair da linha e cometer alguma compra por impulso, não desanime, isso é normal. Saber lidar com a própria **ansiedade** faz parte do processo. Se você ficar muito ansioso, pensando em fazer tudo de forma perfeita desde a primeira vez, acabará comprando algo de que não precisa. Então relaxe.

E se você ainda não **elencou seus gastos**, faça isso agora, assim que concluir a leitura. Não deixe para depois. Aproveite a empolgação e lembre-se de celebrar todas as pequenas vitórias que você for obtendo.

Um abraço e sucesso na sua vida financeira!

PALAVRAS FINAIS

Se você gostou deste livro, por favor, deixe uma avaliação na Amazon. É bem rapidinho!

E caso tenha algum parente ou amigo que poderia se interessar por finanças pessoais, mas que não goste muito de ler, temos um curso online na Udemy.

Dúvidas ou sugestões de melhoria, por favor, enviar e-mail para: **de.devedor.a.poupador@gmail.com**.

SIGA A AUTORA EM:

Instagram: @milakinoinsta

Como Ser um Profissional de Destaque

Você é um jovem em início de **carreira** e não sabe bem como direcionar seus esforços para progredir? Tem problemas para se **organizar** e está sempre sufocado pelas tarefas do dia a dia? Está inseguro sobre qual a melhor forma de se **comunicar** com seus colegas?

Fica nervoso só de pensar nos **problemas** que encontrará hoje no trabalho?

Neste livro você verá:
- Como **gerenciar** melhor seu tempo e priorizar suas tarefas.
- Como evitar erros na hora de se **comunicar.**
- Qual é a melhor forma de **reagir** aos problemas.
- A importância de desenvolversuas **competências** e **habilidades** para progredir na sua carreira.

Este é um livro curto, direto e voltado para a ação.
Você entenderá tudo isso de maneira prática, sem enrolação e sem ser bombardeado por teorias complicadas.

Para quem é este livro:
- Para quem deseja ser um bom profissional, mas está cansado de teorias difíceis

de aplicar no dia a dia.

- Para quem está em início de carreira e já quer começar causando um impacto positivo no trabalho.

- Para quem está lutando para se organizar no trabalho, mas não consegue concluir suas atividades (e às vezes, nem sequer começá-las).

- Para quem deseja ser um bom comunicador e um bom solucionador de problemas.

O Hóspede

Se você curte histórias de **terror psicológico**, este é o conto certo para você.

Após horas viajando noite adentro, Dênis finalmente encontra um lugar para descansar seus ossos. No entanto, o Hotel Áureo esconde um terrível segredo que seus hóspedes estão prestes a revelar.